華府覺音

排灣族與國務院、林獻堂與櫻花考、大使館與黨外圈，你所不知道的六〇個台美故事

洪德青◎著

《華府踅音：排灣族與國務院、林獻堂與櫻花考、大使館與黨外圈，你所不知道的60個台美故事》

作　　者　洪德青
選書責編　張瑞芳
校　　對　魏秋綢
版面構成　簡曼如
封面設計　徐睿紳
行銷業務　鄭詠文、陳昱甄
總 編 輯　謝宜英
出 版 者　貓頭鷹出版

發 行 人　凃玉雲
發　　行　英屬蓋曼群島商家庭傳媒股份有限公司城邦分公司
104 台北市中山區民生東路二段 141 號 11 樓
劃撥帳號：19863813　戶名：書虫股份有限公司
城邦讀書花園：www.cite.com.tw
購書服務信箱：service@readingclub.com.tw
24 小時傳真專線：02-25001990 ～ 1
香港發行所　城邦（香港）出版集團／電話：852-25086231 ／傳真：852-25789337
馬新發行所　城邦（馬新）出版集團／電話：603-90563833 ／傳真：603-90562833
印 製 廠　中原造像股份有限公司
初　　版　2019 年 5 月

定　　價　新台幣 630 元／港幣 210 元

【大量團購，請洽專線】02-2500-1919
讀者服務信箱　owl@cph.com.tw
貓頭鷹知識網　http://www.owls.tw

國家圖書館出版品預行編目資料

華府踅音：排灣族與國務院、林獻堂與櫻花考、大使館與黨外圈，你所不知道的 60 個台美故事 / 洪德青著 . -- 初版 . -- 臺北市：貓頭鷹出版：家庭傳媒城邦分公司發行，2019.05
面；　公分 . -- (貓頭鷹書房；449)
ISBN 978-986-262-379-4(平裝)

1. 臺美關係 2. 美國史

752.1　　108004877

推薦序 美國，那樣近那樣遠

二〇一七年的五月底，我到美國西岸的史丹佛大學，參加當年度的北美台灣研究年會。兩天的會議中，有許多極具創造力和啟發性的報告與討論。其中尤其讓人印象深刻的，是一場名為「在亞洲與美國之間重構台灣性（Re-framing Taiwanese-ness between Asia and America）」的圓桌論壇。

場次的發言人之一，是任教於加州大學洛杉磯分校的知名比較文學教授史書美。她這些年念茲在茲，提倡「華語語系研究（Sinophone Studies）」，企圖將台灣研究國際化、理論化，活力十足，成果豐碩，更在在引發學術界內外的注意與爭論。

向來勇於挑戰既有框架的她，當天發言再次引發現場熱烈反應，因為她直截了當地主張：「台灣研究就是美國研究（Taiwan Studies is American Studies）。」

當天會議結束後，我和幾個同場聆聽的朋友帶著這個話題，忍不住繼續討論。我以為史書美教授是種策略性的發言，意在出其不意，刺激思考。而從當天與會人士，包括我與我的朋友們，對這個論戰展現出的高度興趣，這個策略顯然達到了目的。

乍聽之下，這個說法既新鮮又讓人有點困惑、摸不著頭緒。過去我們總認為，台灣身處東亞，在學院的分類上，就算不是屈身中國研究或日本研究，也往往隸屬東亞研究的行列。台灣研究如何、又為何會是美國研究呢？

但仔細尋思，這樣的說法顯然不是無的放矢。在二戰之後的世界秩序中，台灣（以及棲身於台灣的中華民國）很快地就站到了美國主導的陣營當中，成為了老大哥的附庸。從政治到經濟，從思想到文化，無論在有形還是無形的層面上，台灣都深受美國的影響乃至支配。或許是因為這樣的影響如此深入而全面，深刻地鑲嵌在我們日常生活中，很容易就讓人習焉不察而以為理所當然。

「台灣研究就是美國研究」的說法，可謂兩面開弓，一方面提醒台灣研究的學者們，別在亟欲追求台灣「主體性」的過程中，忽略了美國透過軍事與政經力量，在這座島嶼上刻劃下的重重軌跡；一方面又是要對美國研究的領域喊話，要他們正視美國作為帝國的本質——最近有位美國歷史學者 Daniel Immerwahr 出版了新書《如何隱藏一個帝國》（How to Hide an Empire），可謂所見略同。他在書中仔細追索了美國幾百年來的帝國擴張史，以及海外領地、軍事基地及其居民的待遇，提醒讀者：美國可從來就不只是一般地圖上畫出的那五十州而已。

我想起大學時候曾聽過一場講座，關於活動內容的細節，而今已經記憶十分模糊，唯一清晰記得的是講者之一、資深媒體人南方朔帶著自嘲嘲人地意味，說了一句：「其實我們都是『媚美派』。」他大概的意思是說，無論喜歡或不喜歡，生活在台灣的讀書人與整體的知識狀況，總是擺脫不了美國，就連許多高聲批判、言必稱「美國帝國主義」的知識份子或大學教授，當年可都曾在美國求學、生活，最後拿到學位方才歸國——也真算是一種打著紅旗反紅旗了。

幾年之前，我也成為了「媚美派」的一員，離鄉背井到了太平洋另一岸的這個國家求學。轉眼之間，匆匆數年過去，在這段時間內，我一方面有機會近距離地觀察美國社會，另一方面也花了時間閱讀各種研究美國歷史與文化的著作，在這過程中，對於美國歷史學者不斷推陳出新、自成一格的研究取徑與視野，尤其感到驚艷，並且深受啟發，這是過去在台灣求學時，沒有太多機會接觸到的世界。

回過頭來看，有時也會深感自己對於這個國家的無知，更會意識到台灣社會對於美國整體認識之不足。當然，我們都聽過華盛頓砍倒櫻桃樹的故事——雖然沒有任何確實的證據可以證明這件事情曾經發生——都知道有條麥帥公路和一條羅斯福路，我們也看好萊塢電影、大聯盟比賽，追捧美國的各種名人明星。但我們對這個國家的認識，往往也就僅止於此。以我熟悉的領域而言，在台灣的歷史學界中，美國史是極受忽視的領域，我們只有少數零星的研究者和教師，難以形成具有影響力的研究群體。

不過，同樣的問題好像不只出現在美國研究上，如果我們把前述討論中的美國，代換成其他與台灣息息相關的國家或地區，好像也能成立，比如日本，比如韓國，比如東南亞。

幾年之前，德青寫出了《南向跫音：你一定要認識的越南》，那是早在新南向政策尚未在台灣的年代，她已經捷足先登，帶我們多面地認識這個具有豐富文化歷史的鄰居。我還記得第一次讀到此書時的感動。德青不是學者出身，反而讓她不受局限，能用更為生動而親切的方式，娓娓道來異國的故事，二〇一六年我第一次造訪越南，行前還特別將此書重讀了一次。至今我仍認為，對於想要認識越南的台灣讀者而言，這是最值得推薦的一本入門書。

幾年之後，德青隨著夫婿到了華府，展開另一段的新生活，她再次利用地利之便，開始一趟美國歷史巡禮。值得注意的是，德青不是按照一般教科書的慣例，按照時序地敘述美國的政經與社會發展，而是以華府的各個空間為線索，拉出一段又一段引人入勝的故事。更特別的是，她總不忘告訴我們，在這些歷史角落中，其實閃爍著台灣與台灣人的身影。所以在她的筆下，林獻堂與華盛頓、林肯與李遠哲、鄭自才與馬丁路德，可以跨時空相遇，創造一段「共有的歷史」。

我有時會和朋友半開玩笑地說，台美之間也是一種「兩岸關係」，儘管從太平洋的這一岸到那一岸，距離顯然是比台灣海峽的兩岸遙遠多了。每次我回台灣，搭上那十多個鐘頭的長途班機時，便會再一次認知到這件事。但透過德青的文字，也許我們會認識到，美國是如此遙遠，卻又那樣接近。

涂豐恩／「故事」網站創辦人

自序　不只新南向，也要新東颺

對於一個從小看馬蓋仙影集、景翊「華視電影院」的人來說，中年當媽後，有機會到從沒去過的美國長住，怎樣都覺得《麻雀變鳳凰》般的興奮。之前在越南有過一段美好閒適的西貢歲月，如今轉戰美國，而且是首府大城，應該更令人嚮往吧，當時我這麼以為。

二〇一一年七月，我們一家四口離開台灣後，一路奔波，扛著嬰兒車上上下下。從舊金山入境美國時，永遠記得一下飛機聞到的清新空氣，有股松香氣息，啊！美國就是不一樣，不愧是新大陸。接著轉機到華府，對華府的第一印象是「綠」的氣勢，那是一種森林的綠而不是公園的綠。等到我們終於找到房子，正式搬入安頓，已經九月了。接下來六年，我們就要生活在這兒。

候鳥家庭的美國初體驗

不過，很快地，我的興奮馬上被現實消磨。

辦社安卡時，明明前面只排四個人，卻等了二點五小時，而且好幾個月後才收到ＳＳＮ；一接起電話，對方哇啦哇啦講，真緊張，就算是詐騙集團也沒耐心陪我反覆練習英文會話；努力應付各項安家瑣事，參觀比較選擇孩子的學校，配合鄰居要求美化前院；開車時要閃避大型野鹿，夜間牠們會從樹林竄出，不要車毀鹿亡才好；趕在冬季來臨前，備妥剷雪、禦寒以及萬一停電時的各項器具；好不容易熬到春天，又被花粉熱糾纏，免疫系統重新開機……

赴美第一年，過得比想像中卑微，我這個外籍媽媽，得不斷深呼吸，才能勉強 hold 住全家人不同需求。

「我的美國生活怎麼變成這樣」，頭兩年孩子幼小我走不開，第三年開始，我決心利用兩個孩子上學時，哪怕只有早上短短的三小時，也要一個人進城，看看華府到底長的甚麼樣子。出走，是我僅有的叛逆與單飛。

白華府與黑華府

當年美國開國元勳選在兩河交接的Y形地帶打造一座鑽石型城邦，這裡有古埃及的方尖碑與地穴，有古希臘羅馬的神殿建築，有中世紀的城堡教堂，丹布朗的小說《失落的符號》點出了美國首都與共濟會的神祕關聯，據說賓夕法尼亞大道與國家廣場含有星象學的軸線意義，此外還有各種近現代風格立面以及中式牌樓，華府，集合了全世界最多的建築符號。

很難想像今日的聯邦三角（Federal Triangle），在南北戰爭時期是妓院、軍團、賭場、貧民窟雜居的地方，曾經泥濘不堪、菸草渣滿地，俗稱謀殺灣（Murder Bay）。在北大西洋環流吹拂下，華府搖身一變，成為地球上最專業的政治產業園區，從使館街（Embassy Row）到智庫街（Think Tank Row），琳瑯滿目應有盡有。

華府也有非常草根庶民的一面，爵士樂大師艾靈頓公爵（Duke Ellington）當年成長於蕭區（Shaw）、哥倫比亞高地（Colombia Heights）以及俗稱「黑色百老匯」的U街，黑人區散發一種社運圈的生猛動能，不同於我們認知的白人華府，Busboys & Poets 書店不僅解放思想也解放音量，而且惟有 Ben's Chili Bowl 的熱狗才能做到黑白通吃。

我眼中的華府人

可是，我逛了幾圈華府之後，必須說，華府實在不好玩，或者說，它不是用來玩的。

華府最大的賣點就是「好山好水好政治」，即便有世界一流的博物館群，整座城市風貌還是太過理性嚴肅，充滿白領階級的雄性氣息，尤其西北區某些地段居民學歷都從碩士起跳。這裡官員多，議員多，公務員多，律師多，記者多，說客多，軍職多，甚至間諜也多，各國外交官與各種國際組織，紛紛在這片「沼澤地」（swamp）插旗討生活。

華府怎麼看也不像沼澤地，原來沼澤是一種轉喻，提醒政客們一旦踏入波多馬克河畔這個權力欲望之地，就像進入沼澤區一樣難以脫身，甚至染上Potomac Fever，對權力的癡迷有如發燒般，所以演繹野心與企圖心的美式宮鬥劇《紙牌屋》（House of Cards）才會大受歡迎，連演好幾季。

而華府名流也被稱為波多馬克河版的好萊塢。男士們，會到高級的脫衣舞俱樂部（Camelot Show-bar）享用全華府最好吃的紐約客牛排，餐後再去全華府最古老的菸草潮牌店（W. Curtis Draper）來一根雪茄。名媛們，喜著剪裁俐落的白色無袖緊身裙，搭配Jimmy Choo的高跟鞋，寵物黃金獵犬忠實地跟前跟後，要辦趴？交給瑞奇威（Ridgewells Catering）就對了。華府人，無論男女，只要稍微瞄一下你的車牌，就知道你的身價是高是低，這是個「人看人」的圈子。

正因為華府有太多我不懂的潛規則，既細膩又深奧，比起我後來去的紐約生猛吵雜、波士頓人文濃厚、芝加哥建築多嬌，我始終覺得它是一個難以親近的地方。

跟華府疏離的情況持續好一陣子。直到有次我無意間看了傅建中先生的文章，他提到華府櫻花竟與澎湖馬公有點關聯，這是我全然沒想到的巧合，何不用台灣的觀點來認識華府？

臥底華府尋找台灣

正當我逐漸摸索出行腳華府的台式樂趣，蒐集到史上最帥的白宮主人曾想買下福爾摩沙、黑奴建立的逃亡祕徑幫過黨外刺客時，遠方的故鄉，爆發了太陽花學運。

透過網路看到年輕世代驚人的組織力，人在美東的我，突然覺得，我的年紀足以當他們的阿mˋ（伯母），他們這個世代，將來一定有人會到美國，會來華府，應該寫本入門書，讓他們加減參考，就像我之前寫下《南向跫音：你一定要認識的越南》，台灣人不只「新南向」，也要「新東颺」！

於是，我開始投書媒體，希望用背包客的靈魂與菜籃族的身分，臥底華府，尋找台灣密碼，看看能否拉近兩地的心理距離。二〇一四年底，獨立評論@天下邀請我加入專欄陣容，我開了人生第一個有給職的專欄「華府跫音」。

你也有這些美國刻板印象嗎？

原本我以為大家對美國的興趣會比越南高，不過卻發現，有些讀者對美國的印象，似乎跟我認知的不一樣，例如：

「認識美國要幹嘛？反正我們只能聽它的，又不能改變甚麼。」某位長輩說。

「美國都是因為自身利益才會幫台灣的啦！」一位運匠大哥說。

「美國還不是出賣過台灣，靠美國沒用啦！」友人太太說。

「比起歐洲，美國沒有神祕感，較少人去美國自助旅行。」前同事說。

「美國是有錢人去的啦，留學、移民、生子然後又回台灣刷健保卡。」賣菜阿桑說。

我身邊其實不少人對美國無感，這些話讓我思考美國到底是甚麼？對我來說，在偶然的角度下，美國讓我看見台灣，在世界政治中心竟然藏著許多我以前不知道的家鄉往事，有時認識別人，是為了找回自己。

另外，有件事情還請讀者體諒，由於我已搬離華府，資訊無法即時更新，像是書中介紹的新聞博物館與間諜博物館之後會陸續搬到新址，因此書裡的照片是舊館，但無論它們怎麼搬，與台灣的交集是搬不走的。

本書出版，衷心感謝許多人。封面設計者徐睿紳以美金紙鈔發想別具創意。更感謝入圍台北國際書展編輯獎的張瑞芳小姐，本書由她操刀沾光不少。還有總編謝宜英，有一次她看到我的文章寫到當年台北市長高玉樹訪問西貢，她說高玉樹是她的舅公，我還忘了告訴宜英，你舅公也去過華府喔，難怪我們會從越南合作到美國，前後剛好十年。最後，特別謝謝老爺陳志勳，托他的福我跨海為家，才有《南向登音》與《華府登音》的多元人生。

出走，是為了回家。我始終這樣相信。

二〇一九年三月寫於北投水磨坑溪畔

華府小百科

UNITED STATES WASHINGTON DC

全名——華盛頓哥倫比亞特區（Washington, District of Columbia），簡稱 D.C. 或 The District，中文簡稱華府。

創建——一七九〇年定為美國首都。以美國首任總統喬治華盛頓為名。

人口——七十萬人。若是地鐵可達的大華府地區則有六百萬人。

面積——一百七十七平方公里（約是台北市2/3）。介於馬里蘭州與維吉尼亞州之間。

教育——喬治華盛頓大學、喬治城大學、美利堅大學是華府名校。中小學部分，華府的公立系統不好，但私校席德威友誼學校（Sidwell Friends School），被譽為是華府小哈佛，許多總統小孩均曾就讀。

氣候——四季分明，春秋季較長。夏季高達32℃的平均日數為一個月，冬季 0 ℃以下平均日數達兩個月，年降雪量50公分。

種族——非裔美國人46％，白人36％，拉美裔人口11％，亞裔4％。

宗教——基督徒75％，佛教徒4％，穆斯林2％，猶太教徒1％。

時差——比台灣晚十二～十三小時（夏季實施日光節約制）。

航班—目前台美之間無直航班次。

薪資—男性平均年薪九萬一千美金，女性七萬八千美金。家庭收入中位數七萬五千美金全美第二高。華府人年均消費力約六萬美金，連續十五年蟬聯全美之冠。房價中位數五十七萬美金。

就業—以公共行政、科學研究、教育領域、旅遊業為主。由於很多人受僱於聯邦政府機構，較不受到經濟景氣的波動影響。

治安—西北區最優，東北區最差。

運動—美式足球NFL華盛頓紅人隊（Washington Redskins）、職棒MLB華盛頓國民隊（Washington Nationals）、籃球NBA華盛頓巫師隊（Washington Wizards）、冰球NHL華盛頓首都隊（Washington Capitals）等。

綠地—占約20%，公園密度是全美排名第二高。

目次

CHAPTER 3

自己的大使館自己找

特輯

雙橡園　媲美白宮占地面積的台灣光點

CHAPTER 4

轉角遇到黨外「喊打」

5 CHAPTER

王建民的投手丘

CHAPTER 1

花旗國望遠鏡與排灣族大頭目

1890 年代大清國駐美公使館內部

國會大廈

美國國會議長當起雞籠「煤」人

美國的國會大廈（United States Capitol），也稱為國會山莊，是美國民主圖騰，也是華府著名地標。初到華府的人，對於高坡上散發奶油色澤的蛋糕圓頂，都會留下深刻的眼球記憶。這裡除了是參、眾議員辦公的地方，也是總統就職、國慶、國葬等典儀現場，而且意想不到的是，早在美國還是「花旗」的年代（大清國把美國星條旗稱為花旗），基隆還是「雞籠」的年代，這裡，就跟台灣結緣！

我每次從國會大廈往倒映池（Reflection Pool）走去，晴日常見記者堵麥直播，雨天則切換成禽鳥傘朵，巍峨強大的氣場，常迎面襲來。有人說它仿自巴黎萬神殿、梵蒂岡聖彼得大教堂、倫敦聖保羅大教堂，我聽過更妙的一種說法是國會大廈象徵乳房，與象徵陰莖的華盛頓紀念碑，兩兩相對也遙遙相望，似乎隱含某種玄祕考量，總之，美國試圖把歐洲文明建築精華，全濃縮在這棟建築裡。

國會大廈。地底有專屬小地鐵，通往周遭聯邦政府的辦公大樓。

印第安原住民的漁獵場域

要介紹國會大廈，得先從北美原住民講起。

根據考古學家研究，距今四千多年前，在波多馬克河（Potomac River）與安那考斯迪亞河（Anacostia River）兩河交會處的 Y 型沼澤地，也就是今日華府聯邦政府所在地，已有印第安人在此定居，過著捕魚狩獵的日子。

當時住在華府的印第安原住民，被稱為楠科曲坦科人（Nacotchtank），他們在今日國會大廈的土地上生活，其他散居的部落還有：楠蒂科克（Nanticoke）、皮斯卡塔韋（Piscataway）、波塔瓦馬克（Patawomeck）等，這些印第安人彼此都說阿爾貢金語（Algonquian），往來溝通毫無問題。

到了十七世紀，英國探險家約翰史密斯（John Smith）開著大船，沿著切薩皮克灣（Chesapeake Bay）與波多馬克河往北航行，歐洲白人首度與印第安人接觸，進行貿易，但白人帶來舊大陸的病毒細菌如天花，致使毫無抗體的印第安人大量死亡，喪鐘從此敲響。

如今華府已不見任何印第安部落或遺跡，只剩下紅人隊（Washington Redskins）這支象徵原住民的美式足球隊名。每逢賽季，國會大廈裡的人，上自議長下到警衛，見面打招呼最好的方式就是討論紅人隊戰況。

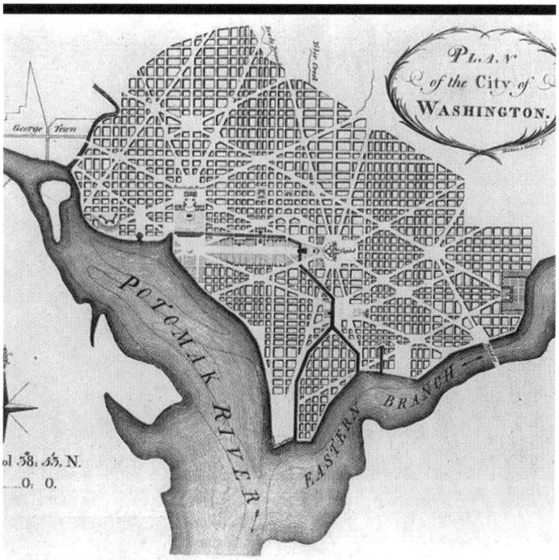

1790 年華府古地圖

處女座的建都時辰

英國人殖民北美十三州時期，由於賦稅繁重，引發波士頓居民群起反抗，不滿的群眾喬裝成「印第安人」，半夜潛入停在港口的英國船，把船上的茶葉全倒入海裡，史稱「波士頓茶黨事件」（Boston Tea Party），後來在法國的幫忙下，脫英建國。

美國一七七六年七月四日在費城發表《獨立宣言》（United States Declaration of Independence）正式開國。剛開始首都一下子在費城，一下子在紐約，一下子又在馬里蘭州，飄忽不定，據說在定都華府前，已搬過八處！一七九〇年開國元老們正式決定，從馬里蘭州與維吉尼亞州各撥出一部分河岸土地，劃成一個鑽石形的一百七十七平方公里面積，所謂兩河夾金，準備用十年時間建城，這就是今天的華府由來。

開國元勳希望打造可長可久的新都，就像羅馬一樣，請來眾神的形象加持。他們很多人都是共濟會員，美國國父華盛頓以及華府都市規劃師朗方（Pierre L' enfant）都是箇中代表，非常相信星辰帶來的影響。

有人說華府是全世界擁有最多占星符號的城市，而且與處女座特別有關。例如華府的土地是從馬里蘭州與維吉尼亞州撥出來的，這兩字英文字首均有處女之意。當年，華盛頓和朗方騎馬四處踏查，最後選中了這塊視野遼闊的高坡（古稱 Jenkins Hill）作為國會之地，奠基時辰特別選在處女座入宮之時。

國會大廈的建築工人多來自黑奴，他們的後代在華府生根發展，至今仍是全美非裔大本營。你可以看到圓頂最上方的自由女神被漆成黑美人，正是感念他們的貢獻。

一八〇〇年新古典主義建築風格的國會大廈，正式啟用，可惜國父喬治華盛頓在前一年過世，無緣見到這座以他為名的聯邦城市樣貌。初期，華府是個人口稀少的河岸小城，幾千位居民多集中在國會大廈附近的東北區（NE）、東南區（SE）、西南區（SW）等，至於地勢略高的西北區（NW），則是一大片未開發的菸草田，頗具牧歌風情。

英國一直圖謀重返北美殖民地，一八一四年英軍攻進了華府，焚毀國會大廈，所幸隔天一場暴雨自動澆熄了大火，也改變戰況，這是美國史上至今唯一一次首都遭到外國勢力入侵的紀錄。天佑美國，英軍占領華府沒幾天就撤兵，國會大廈沒被破壞殆盡，重修之後，才有今天遊客拍照留念的結婚蛋糕式圓頂。一八六一年美國內戰開打，因應戰爭需求人口大量移入華府，以國會大廈為中心，逐漸擴散壯大。

地穴發出史上第一則電報

整個華府道路規劃四大方位（NE、NW、SE、SW），都以國會大廈地穴（Capitol Crypt）那片四角星羅盤為基準點，也是所有遊客參觀的第一站。地穴其實是座大型迷宮，有複雜的通道，據說連林肯的兒子都曾迷路，還有許多古老的房間與密室，門牌都以S（參議院）或H（眾議院）開頭，作家丹布朗在《失落的符號》就提過最神祕的房間SBB13，聽說裡頭有硫磺、鹽盤、長頸燒瓶、人頭骷髏等共濟會道具。

地穴裡最重要的房間，也就是美國國會最原始的核心，是舊的參議院議場，也曾做為舊的最高法院。一踏入，光線陰暗，空氣冷涼，左方壁爐上有一個故意調快五分鐘的大時鐘，為了讓大家準時開會所以調快。

這裡也是史上著名的科學實驗場，摩斯密碼的發明人山繆摩斯（Samuel Morse），當年曾在國會大廈裡畫油畫，他因妻子過世消息傳送太慢，立志研發快速通訊方式，一八四四年他就在這個房間，成功發出史上第一則電報，內容只寫了「上帝創造何等神蹟」（What hath God wrought），順利傳到馬里蘭州的巴爾的摩。

國會大廈最原始的議場。

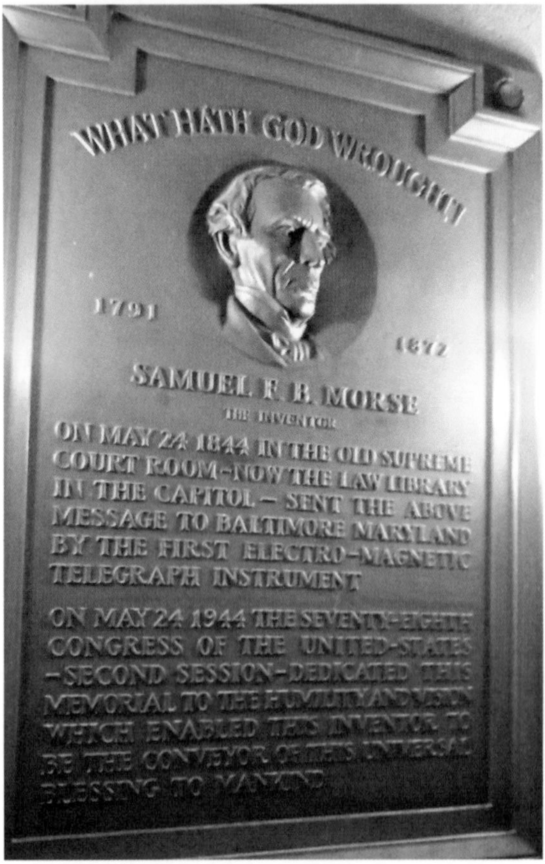

山繆摩斯在這發出史上第一則電報。

圓頂大廳之自然光雕

看完地穴之後，你會來到白色圓頂下的大廳（Rotunda）。圓頂大廳採光極佳，不只上方有光，連你腳下踩的那片至少兩百年歷史的磨石地板也光可鑑人，置身其中，整個人連毛細孔都精神起來。

大廳牆壁有一整圈描繪美國歷史的浮雕，從哥倫布發現新大陸，一直講述到萊特兄弟開飛機。大廳上方，有一幅仰頭必看的「華盛頓升天壁畫」，內圈繪有美國國父華盛頓坐在十三位吹號角少女之中，乘著雲朵升天，像宙斯俯瞰萬神殿那樣，外圈則是古羅馬眾神把各類知識，一一傳給美國開國元勳，好讓他們創建美國。

國家雕像廳半夜會握手

圓形大廳的隔壁是國家雕像廳（National Statuary Hall），這裡是舊的眾議院議場，有著古希臘劇場的半圓空間，收藏許多真人比例的歷史人物雕像，統統面向黑白大理石地磚，好似正在開會，女性雕像在這仍是少數。

不過太多雕像有點卡陰，難怪有人繪聲繪影地說，南北戰爭兩大對頭李將軍（Robert Lee）與格蘭特將軍（Ulysses Grant），半夜會握手和解？深夜傳出詭異的木槌聲，某位已是百年身的議長，還在挑燈夜辯？還有動物奇談，這就厲害了，早年老鼠猖獗，因此養貓制衡，但南北戰爭期間有隻黑貓被射殺，從此有人宣稱，每次美國有重大國難之前，貓靈就會悄悄現身。

議長陽台的台灣密碼

國會大廈還有一個好酒沉甕底的地方要介紹，不過需事先安排才能參觀，那就是眾議院議長——也稱國會議長，位階僅次於總統與副總統，是美國第三號人物——的陽台（Speaker's Balcony）。

一八四九年初，剛從美國國會議長卸任的約翰德威士（John Wesley Davis），五十歲有點垂眼的他，搭乘「花旗」船，遠赴大清國擔任外交專員。根據蔡石山《海洋台灣》一書說，他一上任手腳很快，立刻取得台灣府雞籠港的煤炭樣品，還把基隆煤寄回華府檢測，得到的結論是，唔，基隆煤煙多快燃，可與其他高級煤混合當作引燃煤。

德威士擔任國會議長期間，已看過議員荊妥瑪（Thomas Butler King）寫的遠東報告書。荊妥瑪的報告參考了美國人從一八〇八年起航行於福爾摩沙海域的經驗，加上海商、傳教士、海軍、船醫陸續發表文章，適逢西部擴張時期，探索太平洋成為顯學，於是提出應在台灣設置供煤站與供水站，以減少頻傳的海難事件。荊妥瑪的報告，想必德威士認真讀了，也許就在議長陽台上讀的，所以才

國會議長陽台視野開闊。

美國第29屆眾議院議長約翰德威士。他把基隆煤送到華府檢測。

當起基隆「煤」人。

之後，愈來愈多駛進駛出的花旗船在台灣出現，不過有的在澎湖失蹤，有的觸礁險沉，還有海盜殺人越貨、綁架虐待等事。美國屢次向大清國反映，但大清國忙於太平天國之亂（一八五〇—六四），無暇處理，美國人乾脆開船到台灣自己解決。

一八五四年初，打開日本鎖國政策的美國海軍蒸汽船之父馬修佩里（Matthew C. Perry），派遣手下來到台灣，在基隆上岸，探勘煤礦與港灣地形，待了十天左右。他發現，台灣雖屬大清國，但孤懸海外，天高皇帝遠，實際由各聚落控制，海盜時常侵擾，因此島民對於能夠實際提供保護的外來海軍並不排斥。佩里更進一步評估，台灣島本身具有自我防禦能力，重要性猶如美國南部墨西哥灣的古巴島，可作為美國遠東戰略基地，而且島上擁有礦產、林業、硫磺、茶葉、稻米、糖產、樟腦等，能發展經貿商業，因此寫報告回華府，建議占領台灣作為美國殖民地！

我想，如果沒有德威士這位「煤」人牽成，也不會有馬修佩里這番大膽創見。站在當年「煤」人站過的國會議長陽台，陽台面西，視野遼闊，華盛頓紀念碑、林肯紀念堂、國家廣場盡收眼底，擁抱整個美國中西部大陸，堪稱天下第一陽台，十根挑高希臘柱式營造大器空間，辦個五桌流水席都不成問題。

美國與台灣，一切的故事，應該就是從這個陽台開始的吧。

手機
掃一下

帶你去美國國會大廈

白宮

顏值高的皮爾斯總統想買下台灣

白宮（White House），是美國總統住辦合一的官邸，整體面積約等於台北市仁愛路的空總基地。這些年，我路過白宮的機會不少，但從沒進宮參觀，只透過柵欄欣賞白宮。白宮外面，一年到頭都有人針對各種不同議題在抗議，旁邊警車隨時待命，拍照的遊客如果把背包放下，警衛立刻趨前提醒，背包不可落地，氣氛多少有點緊繃。自從美國發生九一一恐攻後，入宮程序嚴格許多，想到就累，不過若要考據白宮跟台灣的關係，嘿嘿，我就不累了，你知道台灣有八二三砲戰、美國有八二四焚城！

從白宮媽祖婆說起

白宮跟國會大廈的歷史一樣久，都在一八〇〇年完工，當初設計白宮的是一位愛爾蘭建築師，因此白宮也

白宮北面。據說，白宮屋頂上有一套祕密的雷射光防禦系統和防空導彈。

有濃厚的愛爾蘭風格。白宮是在許多歐洲工匠和移工的幫助下建成的，興建之初就漆成白色，所以稱為「白宮」。首位住進白宮的是第二任總統約翰亞當斯，美國國父華盛頓從未 check in。

一八一二年美國爆發了「二次獨立戰爭」，英美兩國開戰，戰爭持續到一八一四年八月二十四日，這天，英軍攻進華府。當時第四任總統麥迪遜在危急之下，先撤離白宮，逃往馬里蘭州，他的夫人四十六歲的多莉麥迪遜（Dolly Madison），在砲聲催逼下，冒著生命危險，搶救了一幅懸掛在白宮廳內的喬治華盛頓畫像。不久，英軍縱火焚毀白宮、國會大廈。翌日，一場暴雨及時澆熄了白宮的火舌，美軍士氣大振，趁機反攻，幾天後英軍撤退。

麥迪遜夫人遇事能斷，搶救國寶，榮登美國人心目中評價最高的第一夫人。英軍撤退後，她回到一片廢墟的華府，跟著大家一起重建白宮。她的天后級高標，直到一百多年後，才被小羅斯福夫人打破。

美國第四任總統夫人多莉麥迪遜，以及她當年穿過的禮服。

第一位與台灣交集的美國總統

之前提過基隆煤人德威士，以及建議華府買下台灣島的馬修佩里，在他們兩人之後，陸續又有美國駐日外交官哈里斯（Townsend Harris）、美國駐華公使伯駕（Peter Parker）、美國商人奈伊（Gideon Nye）等人力倡美國應該拿下台灣，對美國海權、商貿、軍事都有利，他們的這些報告，都呈給了皮爾斯總統（Franklin Pierce）。

當時人在白宮、顏質媲美好萊塢男星強尼戴普的皮爾斯總統，確實討論到福爾摩沙議題，畢竟當時美商三大洋行：奈伊兄弟洋行（Nye Brothers & Co.）、威廉士洋行（William Anthon & Co.）、魯濱內洋行（W.M. Robinet & Co.），已拿下打狗港（高雄）的商務特權，且美軍艦長也率船駐紮打狗，打狗飄著花旗近八個月。

這位美國史上最帥總統考量，如果拿下福爾摩沙，恐讓大清國不悅，會影響美國在大清的利益，同時內政問題已讓他一個頭兩個大，蓄奴廢奴、南北對立等，再加上第一家庭的氣氛低迷，他的前兩個孩子早夭，沒想到盡力保護的么兒也在十三歲那年、距離他當上總統前兩個月，因火車事故身亡，他與夫人現場目睹。失去三子的夫人深陷憂鬱，一直深信這是上帝給丈夫的懲罰，種種內外因素，讓皮爾斯任內對購台這個議題，不了了之。

否決購台案的單身總統布坎南

布坎南（James Buchanan）是美國史上唯一一位沒結婚的單身漢總統，一八五七年他一上任後，很快就否決購買台灣一案。年輕時的布坎南曾訂過婚，但婚約告吹，女方服藥過量死亡，布坎南從此終身未婚。但有歷史學家認為，布坎南因有同性戀傾向才導致女方悲憤而死，還有人說他的同性伴侶是曾任美國副總統的威廉金恩（William R. King），兩人同居超過十年，出席社交場合彷彿連體嬰般。

林獻堂讚白宮因柯立芝總統節儉

基隆煤礦大亨顏國年，以及霧峰林家代表林獻堂，他們倆分別在日治時期一九二五年與一九二八年，進入白宮參觀。顏國年是這麼形容白宮的：「美國總統官邸，質素而不華，且不甚寬大，可見大統領之『躬行節儉』。」

而林獻堂在《環球遊記》則把白宮與台灣總督府拿來比較：「宮凡二層樓，頗渺小僅類富豪之室，但周圍之土地有七十五英甲，其樹木花卉則甚幽雅可愛……若總統不在時，則開放任人觀覽，余等來時，適其不在，乃得入觀。室中並無何等之裝飾，惟應接廳懸歷代總統及其夫人之油畫肖像，他室或置前總統用之瓷器而已，其美麗宏大，不及台灣總督府官邸多矣！」

林獻堂稱讚白宮樸實，展現平等，並酸了一下台灣總督府徒有美麗宏大卻不平等的對照。我查了一下林獻堂與顏國年參觀白宮時，剛好是講求節儉、寡言、種族平等的柯立芝總統（Calvin Coolidge）在位期間，看來四十八歲的林桑識人頗準。

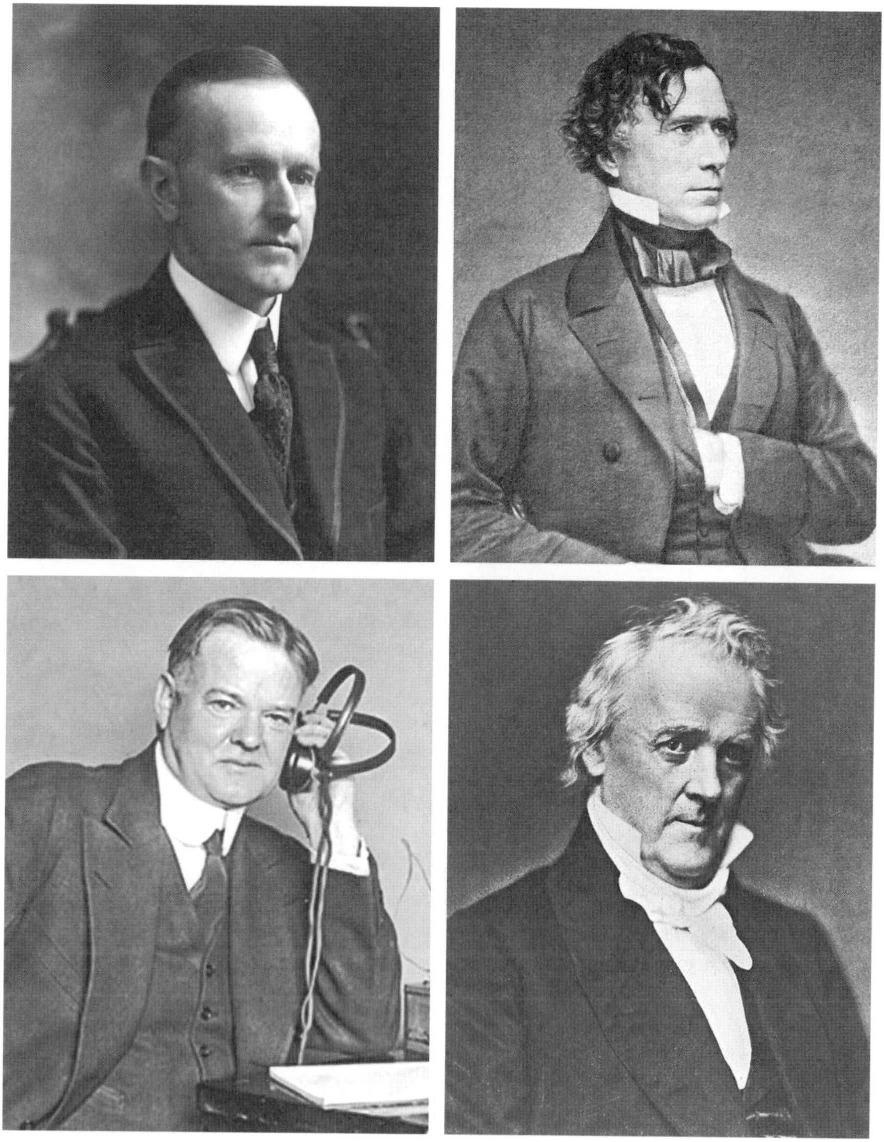

03	01
04	02

01 曾想買台灣的皮爾斯總統
02 否決購台案的布坎南總統
03 被林獻堂稱讚、節儉有名的柯立芝總統
04 懂中文的胡佛總統

唯一懂中文的胡佛總統

繼柯立芝總統之後的胡佛總統（Herbert Hoover），是歷來白宮主人唯一懂中文的總統。年輕時胡佛曾到中國擔任採礦工程師，婚後他帶著妻子胡璐（Lou Hoover）去了上海，住過天津，兩人因而學過中文，後來遇上義和團庚子拳亂，受困月餘，那段期間更鍛鍊了他們中文實戰能力。胡佛入主白宮後，據說為了怕被人竊聽，曾用京片子跟夫人對話呢。

蔣夫人、蔣經國先後作客

一九四三年二戰期間，蔣夫人應小羅斯福總統伉儷邀請，到華府進行訪問，以貴賓身分入住白宮十天。傳聞蔣夫人因皮膚痼疾，不用白宮提供的亞麻床單，堅持用自己帶來的絲綢床單，因此加重了管家們的負擔，得天天幫她換鋪縫妥，私下抱怨連連。一九六五年她再度到白宮作客，白宮特別舉行茶會歡迎她。一九六七年副總統嚴家淦也到白宮訪問，他與詹森總統一同在白宮南面草坪檢閱儀隊之後，中午就在白宮吃飯。

蔣經國總統一生訪問華府五次，都是在他尚未擔任總統前去的。他第一次到華府是一九五三年四十三歲，之後他數度進入白宮，與甘迺迪、詹森、尼克森等總統會談。他最後一次進入白宮在一九七〇年六十歲那年，從那之後，國際局勢對台灣不利，台灣政治人物公開踏入白宮情景已不復見。

橢圓形辦公室的軟糖與炸豬皮

兩百多年歷史的白宮，幾經整修，如今主屋樓高五層，共一百三十二間房（含十六間臥房三十五間浴室），三台電梯，八座樓梯。地下室有花店、木工坊、牙科診所，所有美國第一家庭所需的行住坐臥設施，這裡統統都有，南面還有地毯式草坪，並設有一位官方養蜂人。

美國總統一家人入住白宮，不用付房租，但要自付食物、洗衣等雜支費用。想養寵物？沒問題，這裡養過鱷、獅、熊、蛇、浣熊。白宮的管家警衛與工作人員約上百人，很多都是非裔人士，我猜這跟當年蓋白宮的均是黑奴有關，哪裡有密道，哪裡磚瓦有按鈕，為了不讓機密外洩，所以他們的後代也都進宮服務？當然我是小人之心度君子之腹，推薦大家去看電影《白宮第一管家》（The Butler），片中有細膩的描寫。

歐巴馬總統在橢圓形辦公室用的堅毅桌。

美國總統辦公室位於白宮西翼，稱為橢圓形辦公室（West Wing Oval Office）。辦公室裡總統專用的辦公桌叫「堅毅桌」（Resolute desk），是一八八〇年英國女王送給美國總統的禮物，桌身採用早年到北極探險的英國橡木船製成，做工精美，許多美國總統都在堅毅桌批文，擬稿，開會，接聽電話，決策，看報，若有需要展現魄力就拍桌，或者親民一下放些零食解饞。

說到零食，雷根在擔任加州州長期間曾經訪台，後來擔任總統的他，喜歡在桌上擺著一罐彩色軟豆糖（Jelly Beans），隨時抓一把來吃。另一位總統的零食也讓人莞爾，老布希最愛炸豬皮（Pork Rinds），鹹香酥脆，難怪他卸任後會來台訪問。

那些年追過女實習生的總統們

根據美國作家海格伍德（Wesley O. Hagood）在《總統性史》（Presidential Sex）中透露，截至西元二○○○年止，約有三分之一的美國總統有婚外情，無論在白宮內外，或上任前後，但我想真實的數字，恐怕不止。根據我私人統計，白宮主人偏愛名字是M開頭的女子，嗯，想要取英文名字的台灣女生，請各自隨喜斟酌。

一九六二年，十九歲女大生咪咪艾芙德（Mimi Alford）到白宮擔任實習生。她到白宮實習的第四天，就被邀請（安排）到白宮游泳池游泳，因而結識了甘迺迪總統，兩人在白宮發生性關係。甘迺迪死後三十九年，已經當阿嬤的咪咪才出書揭露，大家才知道甘迺迪除了瑪麗蓮夢露之外的許多祕辛。

而崇拜甘迺迪的柯林頓總統，在一九九八年任內與白宮實習生陸文斯基（Monica Lewinsky）的性醜聞事件，轟動國際，柯林頓差點因此下台，當時台灣女主播為了報導這則新聞，煞費苦心，創造出LP這個名詞。

手機掃一下

白宮之旅

史密森尼學會總部
紅城堡裡的福爾摩沙標本

在華府寬闊氣派的國家廣場（National Mall）上，清一色都是嚴肅雄偉的博物館建築，唯有一座童話造型的赭紅色城堡，帶點英式風格，還有維多利亞時期可愛拱門與哥德式尖塔，城堡後方還有美麗的幾何花園，特別吸引我。

不過我第一次進去時，就被入口那座義大利洛可可風格的白色石棺驚到！石棺不大，以洋人身材來說未免太袖珍，他是誰？為何讓象徵科學精神、享譽國際的史密森尼學會總部（Smithsonian Institution Building, The Castle）拿來迎賓？後來才知道，棺材裡的人，他的錢曾用來收集台灣標本，跟台灣有間接「棺」係，真是太玄了。

英國科學家的神祕捐贈

詹姆士史密森（James Smithson）是一位英國十九世紀的化學家與礦物學家，他走遍歐洲，終身未婚，也無子嗣。一八二九年他過世前寫了一份隔代遺囑，他先把遺產留給同樣也是單身無子的姪兒，等姪兒死後，再把剩餘的錢捐給美國，希望在美國首都成立一個以他為名的科學機構。

問題是，史密森從未到過美國，跟美國素無瓜葛，怎麼會有這樣無厘頭的想法？有一種說法是他出身貴族但卻是私生子，成長過程遭遇歧視，因此非常厭惡英國那套階級與血統制度，他嚮往自由民主的美國，認為那才是真正具有科學精神的新大陸，所以想把畢生積蓄捐到這裡。

一開始美國人紛紛議論，這太詭異了，天底下哪有這種好康的事，其中必有詐。後來經過再三確認，華府上上下下決定恭迎這位英國科學家的遺願，用他留下的一百多袋的黃金（相當於今日上千萬美元），成立了史密森尼學會，並選擇了比花崗岩、大理石更昂貴的紅色砂岩，作為起厝建材，一八四六年正式開館掛牌。

後來電話發明家貝爾，深感於史密森的慷慨捐贈，親自到義大利把他的遺骨迎回華府安葬。美國人曾開棺檢驗他的骨頭與DNA，證實他生前是名愛吸菸的小個子，將他的靈柩置於史密森尼學會總部的門口，永久紀念，供人瞻仰。

詹姆士史密森

山蘇、過貓最早抵達華府？

史密森尼學會創建之初，適逢美國西部擴張時期，美國人從大西洋推進到太平洋，這一路西進，不只陸上珍奇太多，海軍更大顯身手，帶回許多波濤異寶，包含世界各地的動植物、鳥類、礦物標本以及原住民文物等。一八六〇年代，史密森尼學會已收藏來自福爾摩沙的二十多種標本，台灣蕨類植物占了大宗。每次想到這裡，就想到我愛吃的過貓與山蘇，這些蕨菜可能是最早抵達華府的台灣代表。

南北戰爭期間（一八六一至六五），史密森尼學會城堡從標本庫變為軍械庫，戰後才又回復科學功能。一八八〇年代，這裡又陸續收藏了台灣鳥類標本，例如：畫眉鳥、鐵嘴鴴、鶲、鴛鴦、伯勞、黑枕藍鶲（染布鳥）等，同時台灣植物也以更精緻的方式保存著，台灣相思樹、高雄白樹仔、阿里山水龍骨蕨、淡水鐵線蕨等，足見台灣當時是植物學家與鳥類學家的天堂。

史密森尼學會收藏的台灣蕨類標本。

史蒂瑞的長腳與李淳陽的紀錄片

一八七三年，有位身高一百九十公分的三十一歲美國博物學者史蒂瑞（Joseph Beal Steere），到台灣進行為期半年的標本收集，他在《福爾摩沙及其住民》（Formosa and Its Inhabitants）一書中，生動活潑地記載了他在台灣的見聞與各種面向，躡腳的他，也幫史密森尼學會收集標本。

史密森尼標本愈來愈多，需要更多的空間，因此建造分門別類的博物館，才能系統地展示保存。如今，超過百年歷史的學會，轄下有數十個博物館與研究機構，館藏品項破億，大部分集中在華府，特別是國家廣場上那幾座赫赫有名的神級博物館，是全世界最展開的博物館機構，總召集人更是美國副總統。

而台灣不僅在標本部分占有角色，一九七〇年代台灣昆蟲研究與紀錄片先驅李淳陽，他的影片更被《史密森尼》雜誌譽為「史詩般的電影」，這些，是當初開門見棺皺眉的我，完全沒料到的。

史密森尼學會總部介紹

林肯系列巡禮——福特戲院

林肯中槍第一現場

一八六五年四月十四日耶穌受難日的那個週五晚上，林肯總統偕同夫人到華府的福特戲院（Ford's Theatre）看戲。五天前，南軍將領李將軍（Robert Lee）才剛向北軍將領格蘭特（Ulysses Grant）投降，持續四年的內戰終於結束，大家都需要好好放鬆身心。

林肯當晚看的喜劇名為《我們的美國表妹》（Our American Cousin）。到了晚上十點十五分左右，喜劇進入最後一幕，林肯夫婦隨著觀眾歡笑時，突然，一名年輕男子趁著隨扈離開座位，溜進林肯包廂，開槍射擊他的頭部，隨即從包廂跳下舞台，用南方口音喊著「面對暴君，南方復仇」，然後從後門逃出。看戲的觀眾還以為這是戲的一部分，一時搞不清楚狀況。

刺殺林肯的約翰布斯

當我走進當年林肯被暗殺的福特戲院時，入口處的匕首與藍色斗篷背影，馬上讓人分泌腎上腺素，一下子就把你吸入偵探辦案的臨場感。事實上主張廢奴的林肯，從就任第一天開始，就不斷面對蓄奴主義者對他的暗殺威脅。這裡收集了許多林肯當年遇刺的相關物件，包括兇手的手槍與日記，還有林肯在華府生活時的日用品等。

暗殺林肯的兇手叫做約翰布斯（John Wilkes Booth），二十六歲長相俊秀，一頭捲髮更是迷人，他是知名演員，連詩人惠特曼都是他的粉絲，但他同時也是一名擁護南方蓄奴者。早在福特戲院開幕之初，布斯就在這登台演出，林肯曾是觀眾之一，當時穿著古希臘袍演戲的布斯也知道，包廂裡的那名觀眾就是林肯。

回到案發現場。林肯總統中槍後，現場一團亂，包廂傳出呼救聲，總統流血了，快來人幫忙。剛好觀眾席裡有一名跟林肯認識的軍醫，他從樂團的欄杆探頭出來大喊，讓我看看總統。眾人趕緊讓路請他上包廂。這時，包廂內已聚集了三名醫生。

醫生們發現林肯傷勢太重，無法用馬車載回白宮救治，該如何是好？

手機掃一下

福特戲院介紹

林肯系列巡禮——彼得森屋

林肯彌留的床

正好福特戲院對面是一棟專供出租的彼得森屋（Petersen House），事發當時房東彼得森夫婦並不在家。屋內一位房客聽到街上鬧哄哄，出來查看，了解狀況後，他朝著福特戲院前方的人群大喊，「快帶總統來這，這裡有空房」，眾人於是把林肯抬入房內。深夜，街上開始聚集關切的人群。

醫生不斷清除林肯腦部傷口，但鮮血與腦漿持續湧出，沾濕了整個枕頭。一開始，林肯夫人坐在床邊不斷哭泣，由於干擾了救護現場，因此被醫生要求去前廳等待。當晚約有四十多人進出房間，擔憂這位史上第一位遭到暗殺的美國總統能否脫離險境。在昏迷了九個小時後，林肯總統在隔天清晨七點二十二分過世，死時五十六歲。聞訊的黑人哀慟的說：「我們從此失去了摩西。」

我參觀彼得森屋時，先進到前廳，也就是當年受到驚嚇的林肯夫人焦急等待的地方，她的衣服曾沾滿了丈夫的鮮血，頭臉也是。前廳的壁紙、地毯、桌椅、燈飾，一切

林肯中槍後，被抬入彼得森屋。

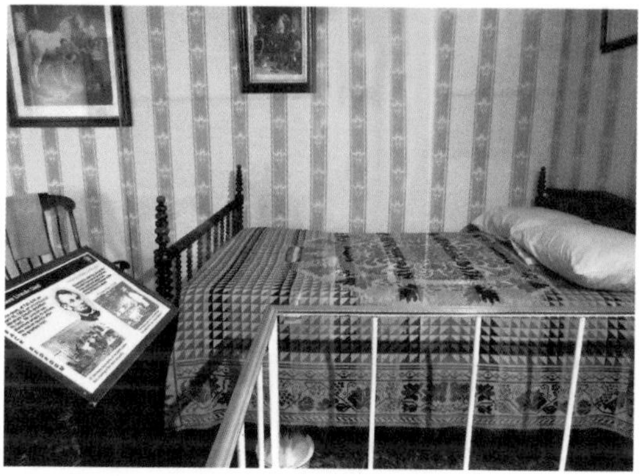
房內擺設維持林肯彌留時的原樣。

精緻如新，不過即使大白天的，空氣中有種說不上來的凝固感。

林肯總統留下後人難以超越的十字架，但對他的夫人來說實在太沉重。林肯夫人少女時期活潑美麗，但嫁給林肯後，一切都變了。出身南方蓄奴家族的她，夾在娘家與夫家之間，南方人罵她背骨，北方人也瞧不起她。歷經喪子、喪夫種種打擊，即便收到同樣歷經喪偶之痛的英國維多利亞女王的慰問信，她的精神狀態愈來愈不穩定，花錢如流水，迷信招魂靈媒，曾試圖自殺。

再往後方走，木頭地板發出嘎吱聲，來到林肯斷氣的那間房。我與其他遊客，不約而同放輕腳步，肅靜起來，在這裡任何呼吸，都有謙卑恭敬、小心翼翼的鼻息。林肯躺過的那張床，被一個透明罩子保護著，床並不大，上面鋪著一條幾何圖案毯子，床下放了一只白瓷壺，牆上貼有綠白直紋相間的壁紙。在這個小小的房間，遊客都只停留短短的一分鐘，左右看看，拍個照，時間似乎永恆停在一八六五年四月十五日早上七點二十二分那一刻。

據說林肯過世後，房東夫婦才趕回來，彼得森太太回家第一件事就是查看林肯是否死在她的床？不是，不是在她主臥的床，是二樓房客的床。

離開房間後，左轉經過一個明亮的通道，磁場與心情馬上改變。走道另一頭，有一座用一萬五千本研究林肯的書所堆疊出來的「林肯書塔」，書塔高約四樓，被迴旋梯層層包圍著，非常壯觀，完全解離了剛才參訪的沉重感。少了悲情，帶來方向，我想，靠著閱讀自學起家的林肯，應該會喜歡這種表達方式。

手機掃一下

彼得森屋之旅

林肯系列巡禮——林肯紀念堂

會替黑奴發聲的才會善待華人

每次去林肯紀念堂（Lincoln Memorial），常見漫天飛鳥。有人說因為這裡徹夜點燈，又親水，吸引不少昆蟲，昆蟲一多，鳥就來吃，但另一種可能，我猜測，林肯是美國史上首位赦免火雞的總統，禽鳥們感激他，因此飛翔起來特別解放吧。

林肯紀念堂一九二二年落成，純大理石建築仿自古希臘神廟，耗時五十五年才完工，也被稱為華府「帕德嫩神廟」，線條剛毅，肅穆雄偉。裡面有尊巨大的林肯坐像，林肯用手語比出自己的名字，左手比A，右手比L，代表 Abraham Lincoln 的縮寫，雙眼直盯著華盛頓紀念碑與國會大廈，有傳聞說林肯的後腦勺刻著另一個臉孔，是當年敵對陣營代表李將軍，這很有畫面，但我不太相信美國人會用雙面人或雙頭人來紀念這位偉人。坐像旁的石壁上，刻有林肯著名的兩篇演講文稿。

啣著斧頭長大愛看農民曆的總統

林肯，人生一路，逆流奮鬥。他出生在中西部森林小木屋的開墾家庭，幼年喪母，父親是木匠，因此他有善於用斧的基因。狼與熊是他童年鄰居，鍛鑄了長大後的強健體魄與過人膽識。林肯沒有受過正式教育，完全靠著自學與閱讀，成為律師。他的初戀情人病逝後，他在一場暴風雨裡，跟出身南方蓄奴家族的富家女、活潑美麗的瑪莉陶德（Mary Todd）求婚成功，兩人背景相差懸殊，他一度焦慮到想解除婚約。婚後，他非常疼愛孩子，但四個兒子中只有長子活過二十歲。

林肯有個比較有趣的事蹟，就是他愛看農民曆。他最有名的一場官司就是利用《老農民曆》（Old Farmer Almanac）記載的月亮上升角度，證實案發當晚月光黯淡，他的客戶在光源不足情況下遭人誣告，成功替客戶贏得無罪宣判。

從鄉民到偉人

一八六一年，林肯選上總統，他從中西部出發，搭乘火車到華府就職。當時東岸的上流社會都輕慢他，認為他是個鄉巴佬，有七個州並不承認他這位總統，認為林肯廢奴的主張會動搖各州原本的經濟秩序，情況很險峻，果然，美國內戰旋即爆發，林肯整個總統任內都在戰爭。

風雨之中，林肯發布了《解放奴隸宣言》（The Emancipation Proclamation），主張徹底廢除奴隸制度，改變了全美四百萬黑奴中超過三百萬人的命運。林肯曾說：「如果我的名字能進入歷史，將因這個法案的功勞，而我整個靈魂都在裡面。」跟林肯同時期的黑人領袖道格拉斯（Frederick Douglass）曾這樣形容林肯：「在他身邊，我從沒想起我的卑微出身，或我那不受歡迎的膚色。」解放黑奴是林肯總統最偉大的貢獻，但此舉大大激怒了許多蓄奴主義者，最後他成為美國史上第一位被暗殺身亡的總統。

林肯淬鍊了首都之魂

華府原本是一個人口不多的河岸小城，南北戰爭爆發後，迅速成為防禦工事重鎮，大量軍隊、軍品、軍需湧入，各項硬體建設也得趕工。林肯在華府宣布廢奴，一夕之間華府成為自由人的堡壘，許多黑奴想盡辦法擠進這個城市，貢獻一己之力。雖然內戰期間南軍曾攻入華府，只要再推進八公里就到白宮了，情況危急到連林肯都親上戰場視察戰況，但兩天後，北軍迅速增兵，擊退南軍。內戰四年，林肯所在的華府，幾乎堅不可摧。

鋼鐵意志的林肯，帶領美國走過最慘烈的四年內戰。他與華盛頓、小羅斯福並列美國史上前三名最偉大總統。但華盛頓做滿兩任，小羅斯福更連霸四屆，而林肯只做了一屆多一點點就遇刺身亡，就像他最著名的《蓋茲堡演說》（Gettysburg Address），全篇只有二七二字，三分鐘即可講完，他用「短」，定義了「久」；他也用自己，定義了美國。

任命蒲安臣善待大清國

林肯的偉大不只在美國，他的偉大也在於任命蒲安臣（Anson Burlingame），善待了大清國。蒲安臣是一位堅定的廢奴主義者，是林肯的追隨者與同行者，早在林肯競選總統期間，他就賣力為林肯輔選。林肯就職後，四十一歲的他出使北京六年，擔任美國駐華公使期間，一直與大清國關係非常友好，在亞洲他親自示範了平等思想與人權價值，深獲大清國信任，難怪馬克吐溫曾讚揚蒲安臣是一位「無論在基督徒或食人族中都同樣受人尊敬的人」。

蒲安臣，善待華人的林肯閣員

就在蒲安臣快要卸任前，大清國正苦無外交人才，突然恭親王奕訢靈機一動，何不請蒲安臣轉任大清國全權駐外使節？就這樣，蒲安臣創下一人分飾兩角的神奇紀錄。一八六八年，他代表大清國，在華府與美國政府簽下史上罕見的平等條約、原件現存於台北故宮的《蒲安臣條約》（The Burlingame Treaty）。梁啟超曾讚揚《蒲安臣條約》，不僅給予美國華工合法身分居留，也開啟華人留學契機。條約簽好後，蒲安臣繼續代表大清國，訪問了英國、法國、普魯士，五十歲那年他在俄國因病過世，死前仍心繫大清國權益。

隨著蒲安臣逝世，美好的《蒲安臣條約》也日落西山。一八八二年美國通過第一部針對特定種族所制定的歧視性法案《排華法案》（Chinese Exclusion Act），取代了之前的《蒲安臣條約》。《排華法案》不僅歧視華人也歧視其他亞洲人，相形之下，蒲安臣這位代表林肯精神的外交官，更顯超凡珍貴。

手機掃一下

林肯紀念堂

國務院

美國領事送給排灣頭目的伴手禮

新聞報導常會提到美國國務院（U.S. Department of State），到底國務院是甚麼？國務院其實就是美國的外交部，而國務卿，就是美國的外交部長。目前全球近兩百個國家，享有赴美免簽待遇的不到四十國，亞洲只有五國入選，決定台灣能否免簽的就是國務院，是的，台灣從二〇一二年起享有免簽，因此有機會到華府，當然要去看看國務院到底長怎樣？

結果，站在讓人神經緊繃的八層樓鋼筋水泥大樓前，望著那些切割得非常工整的一格一格辦公室，想好好幫國務院拍照，也被警察驅之別院，還虧國務院有個浪漫別名叫「霧谷」（Foggy Bottom）！美國自建國以來，國務院搬過好幾次家，目前這棟位於華府霧谷的杜魯門大樓（Harry S Truman Building），是有史以來運作最久、最安穩的一處，至今已逾七十年。

決定誰可以到 AIT（美國在台協會）上班的正是國務院。國務卿的辦公室位於七樓。一九七〇年蔣經國訪美，國務院曾在這設午宴款待他。

金庸式別名「霧谷」

國務院為何又叫做霧谷？兩百年前，來自歐洲各國的藍領移工，群聚在波多馬克河旁的沼澤區，眾人為了討生活，引進了黑奴，一同打拚蓋起啤酒廠、石灰廠、玻璃廠、煤氣廠，一時煙囪林立，煙霧瀰漫，因此俗稱霧谷，是華府早期的工業區，也曾是愛爾蘭幫派械鬥的地盤。

後來這個工業區，進行社區改造，逐漸轉型成為行政區。貴族名校喬治華盛頓大學率先搬到這裡。二戰後，國務院也搬到這裡，有了大咖坐鎮的辦公大樓，霧谷不再霧霾，而且完全符合「霧」裡看花的外交斡旋以及高岸深「谷」的機敏事務，從此霧谷這兩個字，代表了全球江湖，各大門派掌門人，紛紛在此高來高去。

羅發號事件導致福爾摩沙遠征

早在國務院還不叫霧谷之前，就與台灣住民關係密切。十九世紀美國花旗船駛到基隆及淡水，那真是走灶腳般頻繁，但船難問題始終無解。其中最嚴重的就屬一八六七年的「羅發號事件」（Rover Incident）。該年三月，美國商船羅發號在屏東外海發生船難，船長杭特（Joseph W. Hunt）偕夫人還有船員共十四人倉皇逃生，在墾丁附近上岸。不過一上岸，即遭排灣族出草殺害，只有廚子倖免跑去打狗（高雄）報官。

當時台灣總兵劉明燈、台灣知府吳大廷得知此事說：「臺地生番穴處獠居，不載版圖，為聲教所不及，今該船遭風誤陷絕地，為思慮防範所不到，苟可盡力搜捕，無不飛速檄行，無煩合眾國兵力相幫辦理。」這兩位湖南來的大官意思是，台灣從枋寮到鵝鑾鼻這一區是生番領地，不屬大清國管轄，因此不願負責也不想介入。

大清官員消極態度，引發美國強烈不滿，美國之所以這麼重視羅發號事件，主要是因有女性遇害，以往船難至少沒有女性遇害，如今連船長太太都被殺，決定採取更嚴厲手段。

三個月後，台灣島剛過完農曆端午，美國兩艘軍艦悄悄駛到屏東，一百八十一名美國水兵在墾丁社頂上岸，準備進行報復性攻擊。不過，他們沒料到南台灣六月高溫如此酷烈，從早上九點登陸後，紛紛中暑，岸上的排灣族發現有人入侵，雙方短暫交火。到了下午，一位美軍遭到排灣族射殺身亡，傍晚時分，美軍決定馱著亡者退回船上，晚上九點，美軍開船離開，結束了史上有名的十二小時的「福爾摩沙遠征」（The Formosa Expedition）。

ATTACK OF UNITED STATES MARINES AND SAILORS ON THE PIRATES OF THE ISLAND OF FORMOSA, EAST INDIES.

「福爾摩沙遠征」是台美首次交戰，排灣族擊退了美軍。美國人發現「武」的不行，改由「文」的上場。

李仙得與卓杞篤的三面之緣

當時人在北京的林肯愛將、美國駐華公使蒲安臣，決定派會講閩南話的美國駐廈門領事李仙得（Charles Le Gendre），赴台處理。李仙得早年參與南北戰爭，傷了左眼的他帶著玻璃假眼，親自與排灣族瑯嶠十八番社總頭目卓杞篤（Tauketok）交涉，開啟了雙方三度會面情誼。

根據陳慧先在《「小的」與1895》一書中指出，一八六七年李仙得第一次見到卓杞篤，覺得這位大頭目的樣貌討人喜歡。我個人判斷李仙得看到排灣族，就像看到北美印第安人般，比起大清官員的頂戴花翎，排灣族的紋飾獸牙更讓他覺得質樸真誠吧。而矮小結實的卓杞篤一副火眼金睛，覺得眼前這位獨眼阿斗仔，看起來比漢人可靠守信用。兩人透過翻譯口頭約定，日後美國船難時將舉紅旗為信號，排灣族將協助船難者至漢人聚落報案，不會亂殺害海難人員。卓杞篤並同意歸還羅發號船長杭特夫婦的首級與所劫物品，至今你在屏東車城福安宮仍可找到當年台灣總兵劉明燈題字的碑文，記錄這段過程。

兩年後一八六九年，李仙得再訪卓杞篤，還準備了一些禮物給卓杞篤，卓杞篤相當感動，包括羽緞、手槍、象牙小望遠鏡、

多次來台、回不去國務院、影響日本的李仙得。

珠寶及酒品等，不知卓杞篤是否也有相贈排灣族最尊貴的琉璃珠、陶壺、青銅刀等回禮？兩人除了確認口頭約定仍有效並決定白紙黑字寫下來，這是台灣住民第一次與外國簽訂的國際條約，如此說來卓杞篤堪稱台美外交鼻祖，讓這起外交糾紛平安落幕。

一八七二年李仙得第三度會見卓杞篤，也是兩人最後一次相見。當時卓杞篤對李仙得說，我愈來愈老了，希望每年都可跟你見上一面，不然我怕族人會忘了我們之間的協議。

李仙得五年內來台至少七次，每次除了交辦長官吩咐的任務，他也趁機探險、踏查、記錄，因此對於大清官員、閩客移民、原住民、洋人勢力等都很熟稔，他呈給國務院的電報，留下許多文圖紀錄，成為當時了解台灣第一手資料，堪稱知台派始祖。

解決台灣問題後，李仙得原本要返回國務院述職，再外派阿根廷。不料，有位參議員擋了他的官運，回不去華府的李仙得，過境日本時決定留在日本發展，最後演變成日軍借助他對台灣地形、聚落、港口等第一手獨家情報，規劃出兵台灣的「牡丹社事件」。

哎呀呀，你說國務院裡的人影響台灣也就罷了，就連回不去國務院的人也左右著台灣，國務院真是台灣命運的青紅燈。

在李仙得之後，一九五四到一九六九年間，更有三位美國國務卿親自訪問台灣，分別是杜勒斯（John Foster Dulles）、魯斯克（David Dean Rusk）與羅吉斯（William P. Rogers）。杜勒斯跟台灣緣分特別深，前後訪台多達五次，他的外祖父曾受到李鴻章委託，在基隆外海船上，見證了台灣移交給日本的過程。之前新聞爆出台灣護照誤把桃園國際機場印成華府杜勒斯機場（Dulles International Airport），指的就是這位曾出入圓山飯店、提供八二三砲戰強大武器的前國務卿。

手機掃一下

美國國務院，八樓的外交接待室很有看頭。

杜邦圓環

甲午戰敗大清割台時

華府有許多圓環，這些圓環大多用來紀念這個將軍或那個將軍，像是杜邦圓環（Dupont Circle），用來紀念打過美墨戰爭、南北戰爭的杜邦將軍（Samuel Francis Du Pont）。

杜邦圓環這區，街邊的古蹟建築，隨拍隨美。我喜歡這裡有黑人遊民天才棋手 Tom Murphy 隨機對弈的現場桌椅，有家族五代進口台灣烏龍茶的專賣店 Capitol Tea，有柯林頓 LP 事件堅持不洩漏陸文斯基購書發票內容的獨立書店 Kramerbooks，還有迎面而來同志帥哥的迷人古龍水。杜邦圓環散發華府少見的波希米亞文青風，所以特別迷人。

吸鴉片燒家具事件

一八八〇年代，美國進入鍍金時期（Gilded Age），工業化與鐵路化的發展，讓紐約到舊金山，不再需時六個月，只要六天即可，時間刻度一下子變快，財富也以誇張的秒計方式累積，一

杜邦圓環左方噴泉是清國人洗衣場所，右方那棟藍色遮棚建築是清國駐美公使館舊址。

切看似鍍金般的閃亮美好。這時期的杜邦圓環，發展為外國使館區，英國駐美大使館帶動了林蔭大道、豪宅別墅的風潮，之後各國旗海，陸續插旗，迎風飄揚，見證了華府的鍍金時期。

大清國此時也搭上潮流，今天杜邦圓環旁有一間PNC銀行，銀行原址曾有一棟非常漂亮的法式建築叫做「史都華城堡」（Stewart's Castle），當年大清國以每年一萬美元的租金（附全套家具）租下史都華城堡，做為大清國駐美公使館。可惜大清人不諳美式生活，把杜邦圓環的露天噴水池當成洗衣池，因不會使用烤箱把廚房燻得髒汙，又在大宴客廳（ballroom）吸鴉片把昂貴家具燒出了洞，租屋風評不佳，因此被房東索賠，驅趕搬家。

當年杜邦圓環的清國駐美使館內部。

今日杜邦圓環樣貌。

台灣是全大清國最現代化的省分

正當大清國駐美公使館在杜邦圓環附近搬來搬去，尋找新址時，一八八八年初夏，有位哈佛校友跑到台灣按讚，他就是美國駐華公使田貝（Charles Harvey Denby）。根據蔡石山《海洋台灣》一書說，五十八歲的田貝先去基隆參觀砲台、煤礦、鐵路，然後坐轎子進台北城，他對台北城紮實的石牆印象深刻，劉銘傳帶他參觀彈藥廠、電報線、西式學堂、貯木場，但田貝不忘跟劉銘傳追討台灣買辦積欠美國商人的巨額欠款。田貝又坐著小船，到淡水考察硫磺礦，他發現淡水人對美國人很友善，因為從淡水港出口的貨物幾乎全銷往美國。

田貝曾在台北坐過轎子，他稱台灣是大清國最進步的省分。

田貝在北台灣逛了一圈，寫了份報告給華府，直言台灣在劉銘傳治理下，是大清國最現代化的省分，而且戰略地位重要，建議國務院應在淡水設立領事館。

在田貝訪台六年後，一八九四年爆發了甲午戰爭（First Sino-Japanese War）。據說，當時大清國駐美公使楊儒，選擇送茶葉、絲綢給美國國務卿葛禮山（Walter Q. Gresham）的夫人小孩，從私交著手；而哈佛畢業的日本駐美公使栗野慎一郎，則與葛禮山當面對談，投書美國各大報，從公誼著手。一八九五年初，田貝這位一直關注甲午戰事的美國史上任期最久駐華公使非常確定，大清國將與日本議和，準備割讓台灣。

見證割台的三位美國人

一八九五年四月，《馬關條約》把台灣割讓給日本，五月台灣民主國成立，六月日本人接收台灣，十月台灣民主國滅亡，這段期間，有三位美國人參與了台灣政權轉移的過程。前美國國務卿科士達（John W. Foster）受李鴻章委託，在基隆外海軍艦上見證主權移交；美國記者達飛聲（James W. Davidson）搶在第一時間把台灣新聞傳回美國，他請了一位客籍女子幫他洗衣才有空發稿；掌管淡水海關的哈佛高材生馬士（Hosea B. Morse），出手救了那些受困在鴨打號上準備棄台的台灣民主國官員，讓他們前往廈門……

有時行經杜邦圓環，想到當年大清國與日本國的外交官在這出沒，各自對美出招，不禁覺得美國從很久很久以前，就用打撞球、間接碰球入袋的方式，影響台灣命運。

手機
掃一下

介紹杜邦圓環的歷史

CHAPTER 2

林獻堂的華府行腳——日治時代的台美身影

1925 年雙橡園宴會中的日本女士

潮汐湖櫻花

櫻花夫人的澎湖之痛

每年三月，華府人一面留意氣象報告乍暖還寒的降雪機率，一面關注潮汐湖（Tidal Basin）的櫻花預報，如果春雪凍壞了花苞，那麼即將到來的櫻花季將會失色不少。好在這種「滷冰花」的機會並不太多，我只遇過一次。

四月，大批遊客湧入華府，為的就是欣賞潮汐湖一年一度盛開的三千株吉野櫻。多嬌的花蕊配上拱形的枝枒，扛腳架的，畫油畫的，推嬰兒車的，盛裝自拍的，露天茶會的，慢跑健身的，眾人合力妝點湖岸，為平日嚴肅理性的華府，帶來少有的繽紛感性。有時風大，花瓣似雨點飄落，拾起如片片細雪，置身其中，爛漫英燦，典雅素潔。

我特別推薦陰天賞櫻，光線沉澱，含蓄靜謐，更有東方美感，你知道這世界級美景背後，其實跟台灣還有點淵源呢！

華府吉野櫻之父在我們雙橡園結婚

史上第一位在華府種植櫻花的植物學家，大衛菲爾柴德（David Fairchild），百年前娶了電話發明家貝爾的女兒，他的婚禮就辦在雙橡園（如今產權屬於台灣政府）。一九〇六年婚後的菲爾柴德，從日本橫濱進口了吉野櫻，試種在馬里蘭州與華府，結果非常成功。這個消息，讓曾住過日本的國家地理學會第一位女會員，艾莉莎席德摩（Eliza Scidmore）非常振奮，她決定寫信給也住過亞洲的第一夫人塔夫脫（Helen "Nellie" Taft），請她協助廣植櫻花樹。

櫻花樹該種在哪？要種多少株？早年華府是一片沼澤地，建有一座人工潮汐湖，用來調節波多馬克河的水量，何不在潮汐湖邊，遍植日本櫻，以收春華、夏蔭、秋葉、冬雪之效呢？

首植典禮與馬公有關

一九一二年春，美國第一夫人塔夫脫和日本大使夫人珍田（Viscountess Iwa Chinda），雙雙出席華府櫻花首植典禮，兩位夫人親手種下象徵邦誼的吉野櫻，手植地點現有一紀念牌。當時台灣被日本殖民，《臺灣日日新報》或曾報導過這則櫻花外交新聞。

在此之前，一九〇八年一艘日本軍艦在澎湖進行例行訓練時，全艦因故爆炸，珍田夫人的兒子剛好在艦上服役，不幸殉職，現在馬公蛇頭山有一塊「軍艦松島殉難將兵慰靈碑」，就刻著她兒子名字。走過喪子之痛，她才隨夫婿珍田捨巳（Sutemi Chinda）出使華府，種下櫻花。

美日兩國合作的華府櫻花，聲名遠播，一九二八年吸引了遠從台灣而來的遊客林獻堂、林猶龍父子。四十八歲的林桑杵著紳士杖，在潮汐湖賞櫻時，直呼「在花下閒行，恍如東京之上野公園」。如今，潮汐湖的吉野櫻，已非林獻堂走過的那批樹，櫻花樹平均壽命只有四、五十年左右，現在看到的都是後來種的，一般說來新樹花色較鮮豔，老樹的花色則顯淡。

如果你還不過癮，建議驅車前往二十分鐘外的馬里蘭州肯沃社區（Kenwood），這個老牌高級住宅區擁有一千五百株櫻花樹，上千朵的蕈狀粉雲盈罩在三百戶獨門獨院的家屋，不輸潮汐湖，各擅勝場。

手機
掃一下

潮汐湖櫻花

林獻堂系列——聯合車站

林獻堂遊華府的第一站

一九二七年，台灣已歷經明治、大正、昭和等三位天皇，以及他們所派任的十一位台灣總督。年近五十的林獻堂，催生了第一所台灣人自辦學校（今日台中一中），第一間台灣人銀行也運作順暢（大東信託株式會社後併入華南銀行），台灣議會設置請願運動也展開，不過台灣文化協會那邊出了狀況，讓林獻堂有些灰心。他決定帶著懂英文的次子林猶龍，展開環球之旅，剛好英國有長子林攀龍，巴黎有板橋林柏壽，瑞士有板橋林景仁，紐約有台南林茂生，這些鄉親提供沿途照應，才能快樂出帆。

聯合車站，林獻堂派遣次子林猶龍去問旅館。

爵士時代、禁酒令時期、排亞時期

持日本護照的林獻堂先去歐洲，一九二八年到美國時，正好趕上爵士時代（Jazz Age）。一戰結束後，美國取代英國成為世界第一強國，彼時美國盡情享受工業革命與戰後新氣象，在爵士樂聲中，過著金色香檳、四輪轎車、莊園派對的日子，直到一九二九年爆發經濟大蕭條（Great Depression），美國人的好日子才結束。

林獻堂在美國適逢禁酒令時期（Prohibition Era），他親眼見到餐廳侍者把威士忌放到茶瓶中，從茶瓶倒出來的就不算酒，然後大家心照不宣地乎乾啦，倒也開心。他三次遇到酒空（醉漢），也許還跟酒癮發作的《大亨小傳》作者費滋傑羅（F. Scott Fitzgerald）在紐約街頭擦肩而過呢。

林獻堂

不過有件事讓林桑耿耿於懷，就是在紐約通關時遭到冷落。這可能跟美國當時排華、排日、排亞有關係，除了實施《排華法案》，事實上美國也排日，隔離日本學生，禁止日裔移民置產等，甚至對所有亞洲移民採取惡法管控，這種狀況直到二戰後才逐漸改善。

父子差點露宿街頭

一九二八年四月，林獻堂、林猶龍父子從紐約搭乘火車抵達華府，他們進入華府的第一站，就是聯合車站（Washington Union Station）。

聯合車站帶有濃厚的古羅馬神殿氣息，同時也是美國國鐵（Amtrak）總部所在地。林獻堂下火車時，已近傍晚了，得先找住的地方，結果林猶龍問了二十多間旅館，皆已客滿，原來正值櫻花季加上國會開議，這下子林桑急了，得趕快搞定不然要露宿街頭，可能因為這樣，他無心參觀這座外觀仿自羅馬凱旋門的白色大理石車站，在《環球遊記》中完全沒提到「華府駅」。後來，林獻堂父子只好住到距離華府一小時車程外的巴爾的摩市，然後每日通勤到華府遊覽勝景，一連三宿。

華府駅趣事與台灣女客物語

建於一九〇八年的聯合車站，正門上方有雕像碑文，候車大廳挑高氣派，玻璃採光的屋頂，讓空間舒服寬敞。格子型的天花板，好像早餐吃的鬆餅，上面還鋪著價值不菲的金箔裝飾。三十六座站立的古羅馬軍團雕像，肅穆地守護交通運轉中心，據說最初都是赤身裸體，但考量不能露點，因此重要部位都用盾牌遮住。

現在美國人都搭飛機不愛坐火車，但早期白宮總統、國會政要或是外國元首，都是搭火車進出華府，而且聯合車站運送的不只活人哩。在飛機尚未普及的年代，美國總統如果在任內

候車大廳

過世，棺材靈柩都得透過這個車站轉運，以便返回故鄉下葬長眠。

一戰與二戰期間，美軍動員全靠火車，一批批士兵被載往前線作戰。特別是聖誕節前，大家紛紛從戰場返家過節，華府聯合車站曾創下一天二十萬人進出的歷史紀錄。美蘇冷戰時期，聯合車站一度被規劃為核爆避難所。一九七〇年後，航空興起，鐵路式微，如今聯合車站轉型成為一座結合運輸、購物、餐飲的觀光式車站。

自從一九二八年林獻堂父子來過後，一九四三年蔣夫人也從紐約搭火車抵達聯合車站，到國會大廈發表演說；二〇〇二年吳淑珍也從紐約搭火車到這裡，她是台美斷交後首位出訪華府的第一夫人；二〇一五年，尚未擔任台灣首位女總統的蔡英文，也曾進出聯合車站。看來這個車站似乎跟台灣女客頗有緣呢。

車站外有著教堂般的聖詩莊嚴的長廊。

手機
掃一下

華府聯合車站百年
1998-2008

林獻堂系列──華盛頓紀念碑

嗚呼！誰把華盛頓比為陳勝、吳廣

華盛頓紀念碑（Washington Monument）一八八八年完工時是全世界最高的建築，高約一七〇公尺，後來華府所有建築物都不敢超越它，以表達美國人對國父最崇高的敬意。

華盛頓紀念碑建造時，碰上了南北戰爭，因經費不足停工許

久。續建時，換了採石場，石材來源不同，加上原本蓋好的部分經過氧化風化等因素，導致現在紀念碑外觀呈現上下兩截顏色，三分之一是戰前色，三分之二是戰後色。每次我經過，用肉眼就可輕易分辨色差，我覺得它像隻大鉛筆，有人說像蘆筍，也有人說像陽具。

欣賞華盛頓紀念碑你得站遠一點，從林肯紀念堂的階梯看過來是我最推薦的角度。天氣好的下午，在雲朵短暫遮住陽光的那一刻，你會看到這枝大鉛筆的表面，有奇異交錯的光影變化，像寶劍被光撫過一樣，祕密的，靜謐的，忽明忽暗，有時閃著金屬光澤，有時抹上雲影顏色，有時只是白的純粹。

牙病導致革命成功與民主制度？

一七三二年美國國父喬治華盛頓，出生在一個菸草園主的有錢人家，家中蓄奴。他童年砍倒櫻桃樹誠實招認的故事，相信大家都聽過。

長大後，身高一八五的他很具活動力，女人緣佳。十六歲初戀，愛上了黑眼珠、比他大兩歲、教他跳小步舞的富家女，後來他們各自婚嫁，她成了他好友的太太，而務實的華盛頓則選擇最能在精神上、金錢上給他安全感的年輕寡婦瑪莎（Martha Washington）。婚後他與瑪莎並未生育子女，但瑪

至今流傳的華盛頓畫像，都有他抿住嘴巴、不露牙齒的習慣。

莎與前夫所生的孩子，成為華盛頓的繼子。

華盛頓喜好打獵，擅長騎馬，很愛跳舞，那個年代的人都戴假髮，一頭紅髮的他不愛頂著假髮，只好常常往頭上撒白粉。他最有意思的事應該是牙齒，而且他的牙，在美國獨立戰爭時扮演過關鍵角色。

華盛頓的牙齒很差，常常牙痛。有一次華盛頓人在費城，故意寫信給他紐約的牙醫，信中除了抱怨牙痛，還提到要北行。結果這封信被英軍攔截，英軍信以為真，往北集結，而他連夜帶兵火速前往南方，最後在法軍的幫忙下，攻下了維吉尼亞州的約克鎮，這就是史上有名的「約克鎮圍城戰役」（Siege of Yorktown）。此役完全扭轉大英帝國的風向，從此英國人意識到北美人已非一群烏合之眾，開始思考放棄北美殖民。

早年英軍憑藉著優良裝備與正規訓練，常常把由農夫民兵組成的北美散兵，打得七葷八素。幾年下來，北美首領華盛頓雖稱不上戰神，還屢戰屢敗，但他總能避免重大錯誤，一再拖住敵軍，消耗敵軍戰力，最後成功爭取法國援軍，贏得勝利。

華盛頓擔任美國首位總統時，據說只剩一顆牙，同時還有好幾副假牙備用。他確立了多項今日仍被遵循的優良傳統，最為人讚賞的就是總統只能連任一次，以避免擴權的制度。不過，又有學者分析跟牙齒有關了，有人推測華盛頓因長年爛牙，嘴形凹陷，對外形失去信心，不愛交際應酬拋頭露面，也許因為這樣才讓他不想再連任下去，無論如何，他一七九七年卸任總統，真的回歸鄉里，恢復平民生活，深受愛戴。那時大清還在嘉慶皇帝，台灣還在吳沙開蘭。

林桑為何對那塊中文碑爆氣？

林獻堂參觀華盛頓紀念碑時，曾形容內部有九百階樓梯，還有直達頂樓的快速電梯。他發現這裡居然有一塊中文石碑，這太特別了，怎麼會出現在這兒？原來華盛頓紀念碑為了籌措興建資金，曾徵石於世界各國，只要願意捐款，就能在這留碑，最後共募得二百多塊紀念石，其中也包括來自大清國捐款的石碑。

不過林獻堂馬上就被碑文內容惹毛了，他說：「蓋彼僅識陳勝吳廣叛秦，華盛頓叛英，不過一失敗一成功而已，何其無智若是耶！嗚呼！一石雖微，而關於國家之體面則甚巨，豈可不慎之哉！」

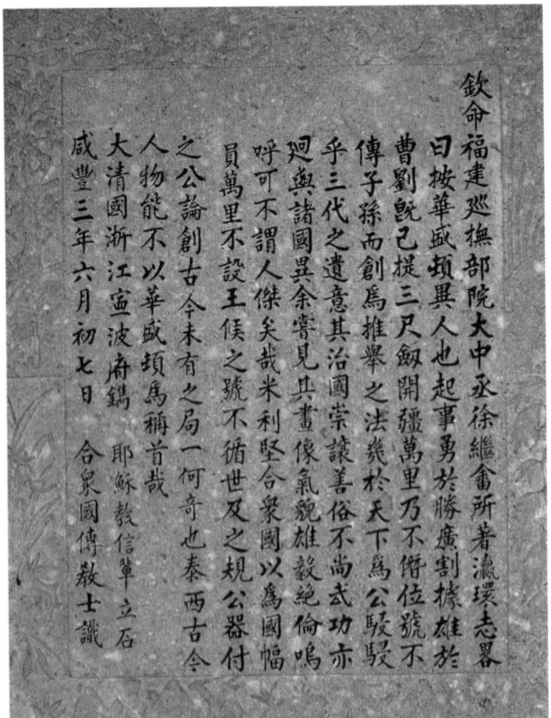
欽命福建巡撫部院大中丞徐繼畬所著瀛環志畧
曰按華盛頓異人也起事勇於勝廣割據雄於
曹劉既已提三尺劍開疆萬里乃不僭位號不
傳子孫而創爲推舉之法幾於天下爲公駸駸
乎三代之遺意其治國崇讓善俗不尚武功亦
迥與諸國異余嘗見其畫像氣貌雄毅絕倫嗚
呼可不謂人傑矣哉米利堅合衆國以爲國幅
員萬里不設王侯之號不循世及之規公器付
之公論創古今未有之局一何奇也泰西古今
人物能不以華盛頓爲稱首哉
大清國浙江寧波府鐫 耶穌教信輩立石
咸豐三年六月初七日 合衆國傳教士識

林獻堂覺得把華盛頓比作陳勝吳廣非常可恥。但我在網路上找到這塊石碑的原文，發現文意並不惡，原來碑文出自當年福建巡撫徐繼畬（畬音餘）編纂的《瀛寰志略》一段話。

有趣的是，這塊觸怒林桑的石碑，跟台灣還有點淵源，徐繼畬擔任福建巡撫期間，據說寫了八十多件台灣水災地震的奏摺給朝廷，而徐繼畬的後代還曾在台鹽擔任過高階主管。

古埃及神遺失千年的陰莖？

林獻堂非常推崇華盛頓，在《環球遊記》花了好些篇幅講述他的功勳，但他如果得知華盛頓紀念碑可能象徵古埃及男神的陰莖，不知他老人家會有怎樣的表情與反應？

華府的心臟地帶由國會大廈、白宮、華盛頓紀念碑構成。這三個地點圍起的範圍，有學者說剛好對應天上的處女座。國會大廈位在處女座的頭，白宮是處女座的右手，華盛頓紀念碑是處女座的左手。而處女座的原型來自古埃及女神伊西斯（Isis），那麼伊西斯左手握著狀似陽具般的華盛頓紀念碑，是否暗示她找到愛人歐西里斯（Osiris）遺失的那根千年陰莖？美國國父是埃及神投胎轉世的？

我二〇一一年剛到華府時，還來不及搞清楚華盛頓紀念碑在哪時，就發生一場罕見的美東地震，封館維修。等到修好重新開放時，我又快要離開華府，始終無緣入內參觀，據說中文石碑放在第二十層樓。

埃及風格的石頭方尖碑是崇拜太陽的象徵。頂端有鋁製避雷針，是當時全世界最大的一塊鋁件。鋁頂端的四個面都刻有銘文，提供了一個閃亮、不生鏽、不易沾汙的頂點。每天第一道陽光照下，方尖碑就會反射出耀眼光芒，彷彿是太陽神降臨人間給予庇護。

手機掃一下

華盛頓紀念碑維修採訪報導

林獻堂系列——國會圖書館

林桑口中「世界第一美麗之圖書館也」

美國國會圖書館（Library of Congress），是全世界最大的圖書館，也是林獻堂口中「世界第一美麗之圖書館也」。而我人生第一本書，很榮幸地，就住在這裡。目前全世界除中國、台灣外，這裡是中文書最多的單一圖書館，也是西半球最豐富的收藏，即使是哈佛大學燕京圖書館也只有它的三分之二，大英圖書館中文收藏也在它之下。

國會圖書館前方，有座雄偉的海神噴泉，入口處有帝王式的青銅燈座。氣勢磅礡又厚重的正門，上方刻有許多真人大小的浮雕。走進大廳，充滿光、空氣、上升、流動感，磁性懸浮般的令我目眩神迷，果然世界第一美，各種雕塑、壁畫、石柱、彩繪、馬賽克，生動地描繪學術、知識、文明發展的相關主題。樓梯兩座女神像，手舉火炬，頭戴月桂冠；地板上鑲有黃銅太陽，標誌建築的軸線；屋頂天窗，鋁葉在方格燈具中閃閃發亮；壁面和拱門，刻有許多格言，孔子的英文版子曰由兩位飛天的金髮女神高舉著……

國會圖書館是全世界第一棟用人類學做裝飾的公共建築（正門窗戶上方刻有三十三個人類學頭像）、它是全球第一座採用隱藏式電線的建築、它是全球第一座架設網路線的圖書館。

傑佛遜捨不得賣酒所以賣書？

一八〇〇年美國創立了國會圖書館，最早位於國會大廈內，只有七百四十本書和三張地圖。一八一四年英軍燒毀美國國會，圖書館也遭殃。之後美國第三任總統傑佛遜，將私人六千多冊藏書，用二點四萬美元的價格賣給了國會，國會圖書館才重新開張。

傑佛遜認為，民主奠基於知識，無論官民都需要知識，民主才能落實。不過我聽過另一個趣味版，有人說傑佛遜當年賣書是因為缺錢，一股腦兒把他收藏的哩哩叩叩的書推銷出去，而且比起書，他更捨不得賣酒來換錢呢。後來爆發南北戰爭，一度讓圖書館只剩七名員工，慘淡經營。

一八九七年國會圖書館主體建築完工，也就是今日的傑佛遜館，另外兩棟建築都是後來建的。傑佛遜館是華府最早點燈的建築物，完工之時，適逢電力、電報、電話、電燈、電梯等工業時代，美國想用這座最大、最貴、最安全的人類知識殿堂，來超越歐洲文明。

噢耶！我的書被亞洲部永久收藏

國會圖書館的中文藏書，最早源於一八六九年同治皇帝贈與美國政府的《本草綱目》以及其他九百三十三冊明清刻書。之後，美國透過傳教士、外交官、萬國博覽會等途徑，收藏亞洲書籍，早期幾乎都以中文書與日文書為主。

一九二八年，這裡正式成立中文部，林獻堂父子剛好趕上了。他老人家發現館內刻有「子夏曰，日知其所亡，月無忘其所能，可謂好學也已矣」的中文字，又說「其藏書數百萬冊，其中漢籍九萬餘冊，日常千數百人在此觀書，而寂然無聲，若在空谷焉」。循著這些文字描述，我猜他可能在館內翻過《永樂大典》、《古今圖書集成》等大部頭書，也可能摸過館內歷史最久遠的漢籍書西元九七五年的《一切如來佛心經》。

除了林獻堂父子，中文部歷來的訪客都很顯赫，包括宋子文、孔祥熙、東條英機（日本二戰頭號戰犯）等。胡適也曾在國會圖書館查資料，寫論文，一九五八年他定居台北南港前，曾是這裡的名譽顧問。

一九六〇年韓戰之後，美國深感自己不了解亞洲，國會圖書館開始收藏韓文書籍，積極吸收亞洲資訊。冷戰時期，館方僱了很多留學生或外籍人士，幫忙整理翻譯資料，好讓五角大廈或中情局擬定作戰方針，帶動了圖書館產業的就業熱潮。而台灣師範大學畢業的李華偉博士，在二〇〇三年成為亞洲部史上第一位華裔主任。

話說二〇〇九年我的第一本書《南向跫音：你一定要認識的越南》出版，雖然在台灣沒擠進排行榜或推薦榜，卻意外得到美國國會圖書館亞洲部青睞，獲選藏書，有自

這些日光柱廊，令人想起希臘三哲逍遙學派，蘇格拉底、柏拉圖、亞里斯多德在樹林裡逍遙授課的景況。

亞洲部的迴廊，我的書就住在這裡，呦真好命。

己專屬的索書號，嘿嘿，這可是很多暢銷作家所沒有的待遇哦。

我決定去看看我的書。走進亞洲部閱覽室，先填單，交由館員輸入電腦，從書庫調出。館員事先提醒我，調書要花較久的時間，請我耐心靜候。等待的同時，我看到兩位喇嘛高僧正翻閱藏文經典，這裡陳列了很多滿文、蒙文、納西文古籍。

據說書庫藏在地下，書架加起來總長一千三百五十公里，足以從台北到墾丁三點五次，還在持續增長。書放在地下室會不會有蠹蟲鼠蟻？安啦，書庫每個出入口都精心設計，保持零下五度的恆溫，書蟲就算誤闖，也被凍到無活動能力。所有書籍，都得透過地下隧道的輸送帶，才能運送到地面上。

終於，聽到輸送帶傳出喀拉喀拉的聲音，書來了。館方派出懂中文的人轉交給我，交書時間花了整整二十分鐘，調一本書還真不容易哩。更驚喜的還在後頭，我的書原本是平裝版，到這裡卻變成了精裝版，原來這裡每一本書都精心打扮才能入宮。館員親切地跟我說，好好看看自己的書吧，能被國會圖書館選入的都是永久收藏喔，我們下午五點才關門。

進宮探望自己的書，是一趟有趣的小旅行。希望百年之後，它能代替我繼續留在這個星球上。

手機掃一下

美國國會圖書館的歷史

國民黨元老廚子的古董王國

林獻堂在華府參觀了好幾間博物館，其中描述亞細亞佛教種種之物，那就一定是佛利爾美術館（Freer Gallery of Art）。林桑想看佛像，我完全可以理解，我們都是出外人，一路以來旅途奔波，能有清涼佛像寄託心靈，參觀兼膜拜，可收保佑療癒之效。除了看佛，瞧瞧中國古錢，林獻堂還品評館內那幅滿清西后之肖影，他對慈禧印象不佳。

林獻堂應該沒料到，日後這間博物館會跟台灣關係匪淺，因為館內許多古物，背後都有中國國民黨——創黨元老張靜江的廚子盧芹齋（C. T. Loo）負責供貨的元素。

盧芹齋供貨，佛利爾簽收

一九〇二年，二十二歲精光伶俐、留著辮子的盧芹齋，陪著足跛眼弱的少主張靜江，遠赴法國闖蕩。兩人在巴黎做起古董生意，生意之好，累積財富後開始資助孫文革命，也資助林語堂發明中文打字機。據說一九一二年，盧芹齋原本打算到鐵達尼號上推銷中國古董，後因登船遲到，才躲過一劫。

一九一四年歐洲爆發一戰，眼看巴黎生意難做，三十五歲的盧芹齋轉到無戰事的美國紐約發展。某天，盧芹齋在火車上偶遇六十一歲的底特律火車大王佛利爾（Charles Lang Freer），兩人嘰哩咕嚕聊了一會兒，他就談成了赴美打拚的第一筆生意，他把十三幅中國古畫賣給佛利爾，其中的十一幅至今仍保存在這。儘管當時中華民國已頒布古物出口禁令，但盧芹齋與國民黨的關係太過特殊，始終享有出口特權。

為何美國火車大王對亞洲藝品有興趣？原來佛利爾早年為治療腦神經衰弱，聽從醫師建議接觸藝術，他透過好友惠斯勒（James Whistler，美國印象派畫家）的介紹，接觸亞洲藝術，並遠遊亞洲數次，特別到中國龍門石窟拍照。晚年無妻無子的他，決定把畢生收藏的亞洲藝品捐給史密森尼學會，所以一九二三年才成立了這間以他為名的博物館。

佛利爾（中）在京都。

盧芹齋

首屆一指的亞洲藝術但林桑錯過孔雀廳

這裡收藏了中國、日韓、印度、東南亞、埃及、中東伊拉克等藝術作品，時間跨越六千年，從新石器時代到現代，更是全美中國藝術品的主要收藏博物館之一，包括商周的青銅玉器、佛像雕刻、宋元明清繪畫、書法、瓷器、漆器、張大千的畫等。台灣師大美術系畢業校友傅申，曾在這裡擔任中國美術部主任長達十五年。

林獻堂在《環球遊記》中沒提到和洋融合的孔雀廳（The Peacock Room），他大概錯過了，外出旅行一年畢竟很疲累，華府這站已進入環球尾聲。孔雀廳入口雖窄，但一踏入藍綠色調的屋室，和式禪風與維多利亞風完美搭配，有種清涼的神祕感。牆上有幅用西方油畫描繪身穿和服的女子，出自惠斯勒名畫〈瓷國公主〉（Princess from the Land of Porcelain），旁邊置放陶器竹器，金箔孔雀，意外的高雅素潔，是館內的美學代表。

如今，佛利爾美術館也常舉辦亞洲藝文活動，像是台灣元素就逗陣作伙。這裡常放映台灣電影，從胡金銓、李安、侯孝賢、楊德昌、蔡明亮、戴立忍、楊雅喆到魏德聖，連齊柏林《看見台灣》都播過。而廖文和布袋戲、江之翠劇場、原舞者舞團、台灣茶藝品茗，也都到華府廣結善緣。但效果最好的，恐怕就屬台灣牛肉麵這個活動了，三千名華府人擠爆現場，大快朵頤，不知道館內北周北齊時代的古佛，聞到後是否會想佛跳牆一番？

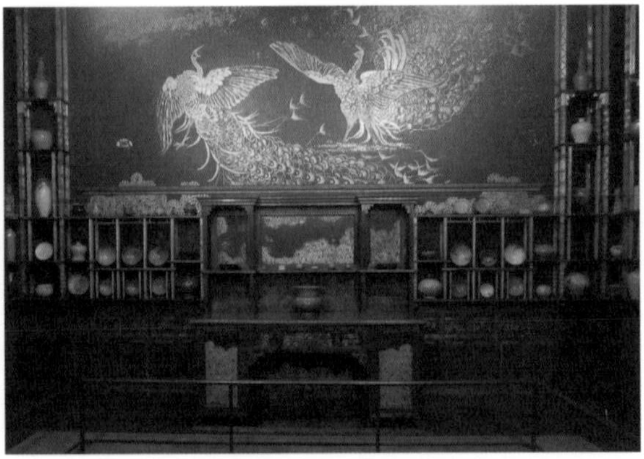

手機掃一下

佛利爾美術館

喬治華盛頓大學

台灣第一位華府留學生王振明

喬治華盛頓大學（George Washington University）創立於一八二一年，是華府一流名校，這所大學的學生常在華府高級餐廳打工，他們透過端盤子，跟議員、閣員、總統直球互動，累積最生猛的政治學分，加上校園緊鄰國務院、白宮、水門大廈、國際貨幣基金組織、世界銀行等，絕佳的地理位置造就政治、外交、法律、金融等熱門科系，素有「政治家搖籃」之稱。美國前第一夫人賈桂琳甘迺迪，就是這裡畢業的法文系校友。

每次經過喬治華盛頓大學（以下簡稱GWU），那些刻有古怪希臘字母的門牌總是很吸引我，據說是兄弟會或姐妹會的會所，頗有共濟會祕密組織的味道。路上行走的男大生，即使穿著夾腳拖去街角提回一手啤酒，也散發一種我們亞洲人學不來的貴氣，該怎麼形容呢，白人菁英的質感吧。

一九三〇年代，GWU曾主辦世界級的物理學會議，宇宙大霹靂（Big Bang）的理論在這被討論，接著校園內又熱議核分裂現象，導致美國在長崎、廣島投下原子彈，影響了二戰，影響了亞洲。

喬治華盛頓大學吉祥物河馬。

從日本籍變成新加坡籍

全華府最古老的醫學院就是GWU的醫學院，創系近兩百年。一九八一年雷根總統遇刺時，就是送到這裡的教學醫院，挽回一命。我後來才知道，早在日治時期就有台灣人到這留學了。

根據朱真一的研究指出，一九〇九年出生在雲林西螺的王振明，出身中上的基督教家庭，十六歲的他單槍匹馬到芝加哥讀高中。不知為何，少年的他居然懂得隱瞞自己的身分，他把國籍與名字改為新加坡籍的James David King，我推測應該是跟美國排華、排日政策有關，畢竟新加坡那時屬於大英國協比較能躲避麻煩，加上後來美日開戰，他更得隱瞞自己來自日本轄下的台灣。

王振明後來到了華府，進入GWU醫學院就讀，一九三四年二十五歲的他順利取得學位。畢業後，他先被美國人派到北平協和醫院當醫生，曾在盧溝橋事變時行醫，二戰後期他又被派到印緬戰區，韓戰時又出征朝鮮半島，歷經九死一生的強烈震盪。朱真一稱他是台灣第一位在北美擔任住院醫師、第一位在歐美醫學院任教的傳奇人物，王振明最後當到美國海軍醫院的外科主任，一九八九年逝世。

喬治華盛頓大學醫學中心。

日治時期留美菁英群像

除了一生拚搏的王振明，我也對同時期的台灣留美學生感到好奇。

陳柔縉說，台灣史上第一位留學美國的人是大稻埕帥哥李延禧。創立第一銀行的李延禧，年輕時長得非常英俊，帥度破表，但巨蟹座的他卻不耽溺，一九〇五年二十二歲的他赴美就讀紐約大學，後入哥倫比亞大學經濟學研究所。雖然他的活動範圍在紐約，但身為台灣茶商鉅富李春生的孫子，一定有餘裕到華府走動。據說一九一一年二十八歲的他返台時，在基隆碼頭看到迎接他的管家，一時之間連台語怎麼講都忘了，只能比手畫腳，可見他的舌頭有多紐約了。

李延禧之後，因為一戰爆發，台灣人留美風潮沉寂了一陣子。一戰結束後的一九二〇年代，基隆的陳炳煌、三芝的杜聰明、士林的郭馬西、萬華的吳錫源、大甲的陳炘、埔里的羅萬俥、鹽水的黃朝琴、台南的劉清風、府城的林茂生、萬丹的李昆玉等，紛紛前往美國，他們有的留學，有的觀光，有的長住，有的短待。

我小時候以為早年台灣人只留日。沒想到，留美的，山線海線各路人馬，比我想像的多。

1926 年日治時期「台灣懇親會」，攝於紐約日本料理亭太陽樓，是旅美台灣同鄉會最老的照片。前右一是杜聰明。

手機掃一下

喬治華盛頓大學之旅

傑佛遜紀念館

珍珠港事變後開館

潮汐湖櫻花象徵美日友好邦誼，持續花開花謝，直到爆發珍珠港事變。

一九四一年日軍以「登上新高山一二〇八」為行動代號，在十二月八日突襲美國夏威夷。日軍代號中的新高山，指的就是當時日本領土最高峰，台灣玉山。珍珠港事變當晚，日本政府隨即動員台灣人提燈籠上街，慶祝突襲成功，作為殖民地的台灣也被捲入抗美風潮。

珍珠港事變後，美日反目成仇，美軍正式參與太平洋戰場，支援中國戰區。而戰爭需要凝聚民心，此時傑佛遜紀念館（Thomas Jefferson Memorial）的落成，正是時候。

史上第一位鰥夫總統與女奴生子？

湯瑪斯傑佛遜（Thomas Jefferson）是美國第三任總統，他被推崇是智慧最高者，擅長一心多用，用現在的話形容，就像電腦可以同時開很多視窗作業，有學者推斷他可能患有亞斯伯格症。他身兼《獨立宣言》起草人、國會圖書館發起人、維吉尼亞大學創辦人，精通農業、法律、建築、考古、數學、木工、小提琴、法文、機械、寫作。而他對酒饌、飲膳之講究，堪稱是美國開國以來的第一人。

傑佛遜有過甜蜜美好的婚姻生活。他娶了熱愛文藝、擅釀啤酒的年輕寡婦瑪莎。新婚時甜美可人的瑪莎，遭遇積雪深達一百八十公分的雪災，她挺了過來，可是頻繁的懷孕與英軍不斷侵擾，她終究沒能活到當上第一夫人的那天。三十四歲的她，在死前要求三十九歲的傑佛遜不可再婚，十九年後，傑佛遜成為美國史上第一位鰥夫總統，終身未續絃。

傑佛遜答應妻子不會再娶，他也信守承諾。不過，傳說他與妻子同父異母的妹妹、擁有四分之一黑奴血統的莎麗海明斯（Sally Hemings），育有數名子女。當時習俗認為，只要帶有一點點黑人血統的就是黑奴，代代世襲，儘管傑佛遜生前從未對此公開說明，他在遺囑中給了這些孩子自由之身，眾人皆認為這是一種父職的展現。

傑佛遜當總統時對開拓西部懷有很大的夢想。當時美國西部疆界只到密西西比河，他出資收購密西西比河以西的土地，大大擴增了美國領土，過去這片土地從未有過白人的足跡，但你如果從印第安原住民角度來看，傑佛遜恐怕是傷害他們族群的始作俑者。

美日開戰，櫻花遭殃

傑佛遜紀念館優雅的圓頂造型，以及直立的廊柱空間，四壁開放，風生水起，二戰期間成為華府的代表地景。登上階梯，巨人般的青銅立像，跨水面對白宮，注視著遠方他曾生活過的白宮，意味時時刻刻緊盯著晚輩作為。牆上的銘文摘自他起草的《獨立宣言》上面寫著：「我於上帝祭壇上，誓言與宰制人類心靈的所有暴政為敵。」

不知是否因為「暴政為敵」這句話，珍珠港事變後顯得特別敏感，那些種在傑佛遜紀念館附近的吉野櫻遭到砍伐，成為對日本宣洩憤怒、進行報復的工具。好在這種行為沒有無限上綱的擴大，這是華府人自制與文明的一種展現吧。在紐約世貿大樓911事件前，我想珍珠港事變是美國人最耿耿於懷的歷史傷痛。

手機掃一下

傑佛遜紀念館介紹

美洲印第安博物館

日軍無法破解美軍印第安語密碼

外觀呈土黃色的美洲印第安博物館（National Museum of the American Indian），完全沒有稜角，全是曲線構成，呈現風水土火孕育的地質岩層，象徵印第安人與自然的親密，在國家廣場上是一棟非常搶眼的石造建築，與其他博物館有明顯區隔。不過，這間博物館比起其他博物館算是比較冷門，許多人還是因為它裡面有間專賣印第安有機食材的特色餐廳才進來參觀的。

白人最難吞嚥的一段歷史

早年印第安人對待歐洲移民，多很和平友善，願意幫助白人，否則不會出現感恩節（Thanksgiving）吃火雞大餐的傳統，但他們也是被欺負最多的一群人。一八三〇年美國國會通過了印第安人遷移法案，由於美國向西拓荒，把手伸進西部，入侵印第安原住民的領地，史上著名的「眼淚之路」（The trail of tears）就此展開。

白人虧欠印第安人太多。過去好萊塢的西部片，印第安人騎馬繞著白人拓荒者的馬車叫囂，就在馬車被攻下之前，喇叭聲響起了，荒野大鏢客之類的英雄、騎兵隊長、警長等，適時救援成功。但事實上白人會操弄印第安人與黑人彼此心結，讓他們互為對方的抓耙仔，那是一段非常悲哀的過去，印第安人地位比黑人更慘，比黑人更晚得到平反，原住民的民權直到一九七五年才受到重視，比黑人民權還晚。

當初，史密森尼學會收藏了上萬具印第安人遺骸，基於某些因素無法全數返還部落，後來決定把這些原住民人骨集中起來，選在國家廣場上，距離國會大廈最近處，蓋一座號稱全世界最大的原住民博物館，也是美國第一個專為美洲原住民設立的國家博物館，致力保存整個美洲西半球的印第安人文化、語言、文學、歷史、傳統、遺骸、陪葬品、聖物和藝術。

二〇〇四年開館後，有人認為展品與現實脫節，有人認為分化了白人與紅人，怎麼誠實面對史實？很難。不管如何，這個博物館還在摸索屬於自己的定位，尋找轉型正義。根據二〇一〇年統計，美國印第安人只占總人口不到

印第安塑像

我們團體活動喜歡圍成一圈的習慣，最早源自印第安人的文化。

百分之一，約二百九十萬人，分成五百多個部落，大多數經濟狀況很不好，賭博、酗酒、犯罪、自殺、輟學、未婚懷孕的問題嚴重。

納瓦霍語給台灣的啟示

不過來這參觀，也無須太過沉重。如果你用二戰觀點來看，會對印第安人有很不一樣的切入感，因為二戰末期美國之所以打敗日本，其中一個關鍵因素是，美軍運用印第安原住民的納瓦霍語（Navajo）作為傳輸密碼，日軍自始至終無法破解。

一九四二年美軍在西南部各州，招募了數百名的納瓦霍人，本來擅長紡織、製銀、音樂、雕塑、詩歌的他們，經過密訓之後，搖身一變成為機密電報通訊員。美軍曾說如果不是因為納瓦霍人的語言，他們是不可能攻占硫磺島的。納瓦霍語後來在韓戰、越戰中都曾繼續拿來當成密碼使用，導演吳宇森的電影《獵風行動》（Windtalkers），講述的就是這段故事。

THE GREECE PRESS—FEBRUARY 4, 1944

MacArthur Poses With His Indian Warriors

Gen. Douglas MacArthur, commander in chief of the Allied forces in the Southwest Pacific area, poses with representatives of American Indian tribes in our army. Left to right: Sergt. Virgil F. Howell, Pawnee tribe, Pawnee, Okla.; Sergt. Alvin J. Vilcan, Chitimacha tribe, Charenton, La.; General MacArthur; Sergt. Byron L. Tsignine, Navajo tribe, Defiance, Ariz.; and Sergt. Larry L. Dekin, Navajo tribe, Copper Mine, Ariz.

The Greece Press (Greece NY) 4 Feb 1944

麥克阿瑟與他的印第安戰士。

納瓦霍族人

這給了我不小的震撼。台灣是南島語系的發源地，但我們總是輕慢原住民語，真的不能小看任何一種語言，愈少人說的，愈難破解。台灣真該保育原住民語，有備他日之無患。

原住民副總統與第一夫人

我印象中美國沒有印第安裔的總統，但一九二九年擔任美國副總統的查爾斯柯蒂斯（Charles Curtis），擁有一部份的印第安人血統。

唯一一位擁有印第安血統的第一夫人，是威爾遜總統夫人伊迪絲（Edith Wilson），而且她還是電影《風中奇緣》（Pocahontas）那位印第安公主的第九代後裔。伊迪絲是威爾遜總統的第二任妻子。有人說威爾遜瞞著元配，跟寡居的她往來，所以她是外遇扶正的代表。一戰期間，美國實施配給制，人在白宮的伊迪絲跟所有美國人一樣，過著週一無肉、週三無小麥、週日無瓦斯的日子，為了節省開支，她在白宮南面草坪上養了四十八隻羊，讓羊吃草，省下割草費用，並剃下羊毛賣錢，所得捐給紅十字會。後來威爾遜總統中風，她在白宮代行決議，因此獲得「女總統、祕密總統、首位掌權女」等各式封號。

她精明強腳的性格，或許來自灰熊精神。印第安人崇拜灰熊，據說灰熊就算心臟中彈，也能奔跑四千公尺，勇猛可見。

手機
掃一下

美洲印第安博物館介紹

敦巴頓橡樹園博物館預告台灣從戰敗國到聯合國

在華府喬治城（Georgetown）長長的高坡上，有一座古典優雅的敦巴頓橡樹園博物館（Dumbarton Oaks Museum），此地在十九世紀是某位副總統的寓所，有其自然天成的貴氣。一九二〇年一對美國外交官伉儷，布利斯夫婦（Robert & Mildred Bliss）買下這裡，規劃成退休後的私人住宅，他們從阿根廷大使職位退休，便住進了這個精心打造的園邸，非常幸福，完全符合他們姓氏Bliss（福氣）之意。

外交官的音樂廳

一九三八年，布利斯夫人邀請俄國作曲家史特拉汶斯基，為她的結婚三十週年慶創作一首室內協奏曲，首演地點就在自家的音樂廳（Music Room），因此這首曲子就被稱為《敦巴頓橡樹園協

奏曲》（Dumbarton Oaks Concerto）。

走進敦巴頓橡樹園的音樂廳，四周的光線特意調暗，這間哈佛外交官的沙龍音樂廳，彷彿把中世紀到文藝復興的時空，瞬間凝結，摘採下來。站在油彩繁複的十六世紀天花板與斜木幾何地板中間，讓身體慢慢梭巡，首先抓住我目光的是義大利大理石拱門與法式煙囪壁爐，接下來，掛毯、燭台、燈罩、油畫、桌椅、几櫃、雕塑、黑白照片等，次第展開。

我詢問一旁警衛人員，當年史特拉汶斯基是否親自彈過這架一九二七年出品的史坦威鋼琴？他們似乎沒有明確答案。整個室內與其說是沙龍氛圍，倒不如用葛利果聖歌宗教氣息來形容更加貼近。

台灣州廳到台灣省府

一九四四年，當台灣人忙著躲美軍空襲，頻頻跑防空洞時，在美國國務院主導下，中美英蘇四國代表齊聚在這個音樂廳內，舉辦史上著名的「敦巴頓橡樹園會議」（The Dumbarton Oaks Conference）。

參與敦巴頓橡樹園會議的人數，應有二、三十人，全都坐在音樂廳裡的長會議室預告了日本戰敗的命運，也預告了中華民國將成為戰勝國，並擬定了《聯合國憲章》草案，討論戰後需要一個維護世界秩

一九四四年音樂廳決定了台灣從戰敗國，到戰勝國，到聯合國的命運。

序與和平的組織，也就是日後的聯合國，當時代表中華民國與會發言的是顧維鈞（Wellington Koo）。

會議隔年，日本無條件投降了。原本六百萬人口的台灣州廳，一夕之間成了台灣省府，之後國府遷台，我們成為聯合國創始會員國與五大常任理事國之一，直到一九七一年被迫退出聯合國為止。

沒想到這個位在西半球的音樂廳，散發蝴蝶效應，影響了東半球的台灣至深。如今，敦巴頓橡樹園的主屋，成為專門收集拜占庭、前哥倫布時期的藝術博物館，另有占地廣闊的二十多個主題花園值得購票參訪，花園沿著山坡向下延伸，玫瑰花園與草本邊界，噴泉樹籬和牧神瓶壺，開拓了坡谷和遠方城市的景深。

手機掃一下

敦巴頓橡樹園博物館介紹

小羅斯福紀念碑

天佑台灣之台北市羅斯福路由來

所有美國總統中與台北人最密切的，就是俗稱FDR的小羅斯福總統（Franklin Delano Roosevelt）。台北市有條大路以他為名，相信很多人像我一樣，考不進去路上那所全台灣最好的大學，有趣的是，羅斯福路的段數約略等同這位總統的情史數字。

一九九七年小羅斯福紀念碑（FDR Memorial）在華府潮汐湖畔揭幕，這裡也是春天拍攝櫻花盛開的熱門地點。露天園區以銅雕、石塊、刻文、瀑布為主題。四座石室建物，象徵他在位的四個任期，用斗篷遮掩肢障的雕像，曾引發殘疾團體的抗議。

小羅斯福是美國史上任期最長、唯一一位連任四屆的總統，他與俗稱TR的老羅斯福總統有遠親關係。小羅斯福的外公，曾到大清國的廣東從事茶葉與鴉片生意，當小羅斯福還是一個二十六歲

THEY (WHO) SEEK TO ESTABLISH
SYSTEMS OF GOVERNMENT BASED ON
THE REGIMENTATION OF ALL HUMAN
BEINGS BY A HANDFUL OF INDIVIDUAL
RULERS... CALL THIS A NEW ORDER.
IT IS NOT NEW AND IT IS NOT ORDER.

食指被遊客摸到發亮的小羅斯福總統。一旁他的愛犬 Fala，跟著雞犬升天

的菜鳥律師時，曾擔任波士頓中國僑領司徒美堂（Situ Meitang，孫中山在波士頓時的保鑣兼廚子）的法律顧問長達十年，可見小羅斯福與中國緣分真是天注定。

走過大蕭條、二戰的輪椅巨人

中年的小羅斯福不幸染上小兒痲痺，他的肢障反而鍛鍊了他的毅力，帶領美國走過經濟大蕭條與珍珠港事變。輪椅上的他，運籌帷幄世界局勢，奠定美國二戰後在國際上的巨人地位。他打破了自華盛頓立國以來連任不超過兩屆的傳統，他也緋聞不斷，死前陪在他身旁的不是第一夫人，而是被《時代雜誌》譽為十大情婦的露西默塞爾（Lucy Mercer）。但這些，都不影響他在美國人心中是最偉大總統之一的高度評價。

一九四一年底日本發動珍珠港事變，美軍近二十艘軍艦被擊，二百四十多架飛機損毀，三千

開羅會議，小羅斯福總統（左二）。

六百多人傷亡，小羅斯福發表了《國恥演說》，正式宣布參戰，與中華民國共同抗日。

一九四三年蔣宋美齡訪問華府，小羅斯福高規格接待，讓蔣夫人住進白宮十天。期間蔣夫人無論在國會大廈發表演說或進行其他拜會行程，小羅斯福總統伉儷幾乎全程陪伴。同年底，小羅斯福廢除了長期糾纏華人的《排華法案》，結束了長達六十一年來對華人的歧視，這些種種，讓他成為當時最友善中華民國的盟邦元首。

大蕭條時代，在麵包店前大排長龍的痛苦記憶。

大蕭條時期，小羅斯福擅用收音機向全民廣播，他發表溫暖的「爐邊談話」（Fireside Chats），直接用聲音安定美國人心。

他下令跳過台灣，直取菲律賓與沖繩

一九四四年小羅斯福總統在夏威夷開會，接受了麥克阿瑟將軍的跳島戰術（Island Hopping），決定攻下菲律賓，跳過台灣，再攻沖繩，台灣因此躲過美軍奪島時可能發生的大規模戰鬥。我猜想之所以跳過台灣，跟之前提過的海軍准將佩里所主張的「台灣是一個有自我防禦能力的島」有關吧。要知道「沖繩島戰役」是太平洋戰爭中死傷人數最多、戰況最慘烈的戰役，如果美軍不奪沖繩，而奪台灣，情況難以想像。

整個二戰間，小羅斯福致力於維護白宮形象。他反對為了敵機偵蒐就把白宮遮掩起來，不讓白宮塗上迷彩漆，不架機關槍，不設路障，不放坦克車，他不要華府因參戰而陷入恐慌。他的夫人艾蓮諾（Eleanor Roosevelt）也抱持同樣的理念，珍珠港事變後特勤人員阻止她在白宮與三百五十位外籍學生的下午茶會，雖是基於國安考量，但她甚為惱火，她甚至撂話說，那乾脆也把華盛頓紀念碑砍下來好啦，不然敵軍可以用它來測量白宮的距離。

二戰紀念碑上美軍攻下的地名，真的跳過台灣，老天保佑。

夫人艾蓮諾是世界級第一夫人

我特別要提一下小羅斯福總統夫人，她是美國史上在位最久的第一夫人，更是媽祖級的夫人。她童年失親、婆媳失和、小三介入、丈夫殘疾，幾乎跟鄉土電視劇演的一樣，但非常難得的是，她有種能量可從打擊陷溺中走出，把心力轉到公共事務上，是一位能與配偶脫鉤，擁有自轉能力，並進而迴向他人的偉大女性。在那個年代，她對於非裔民權的支持，對於珍珠港事變後日裔的保護，真誠接待前來尋求幫忙的蔣夫人等，都有其一貫溫暖的脈絡，因此有人稱讚她「寧可找根蠟燭也不願持續咒罵黑暗，她的光芒帶給世界溫暖」，被譽為是世界的第一夫人，二十世紀最受尊崇的女性代表之一。

因此，她也是唯一一位在華府國家廣場被紀念的第一夫人，她的紀念雕像就在園區裡。

艾蓮諾

手機掃一下

小羅斯福紀念碑介紹

二戰紀念碑

美軍最高階戰俘「瘦子中將」被關在屏東

在華府紀念碑中，最適合拿來檢測遊客英文能力的，就是刻字最多的二戰紀念碑（World War II Memorial）。不過，字刻太多反而給人用力說教的感覺。

二戰紀念碑由橢圓形廣場組成，左右兩邊分別立著大西洋門與太平洋凱旋門，象徵二戰中的兩大戰場。五十六根石柱環繞著噴泉池，每一根都代表美國州名或屬地，壁面上有描繪戰爭的浮雕，風格剛硬。自由牆（Freedom Wall）鑲有四〇四八顆金色星星，代表美國在二戰中的死亡人數，每一顆代表一百個人。

我們躲空襲，他們卻歡迎

台灣是真真切切經歷過二戰的。珍珠港事變後一九四三年，中美聯軍首次轟炸台灣，新竹機場三分之二都被炸毀，全島各地進入跑空襲歲月，我家長輩曾說，常

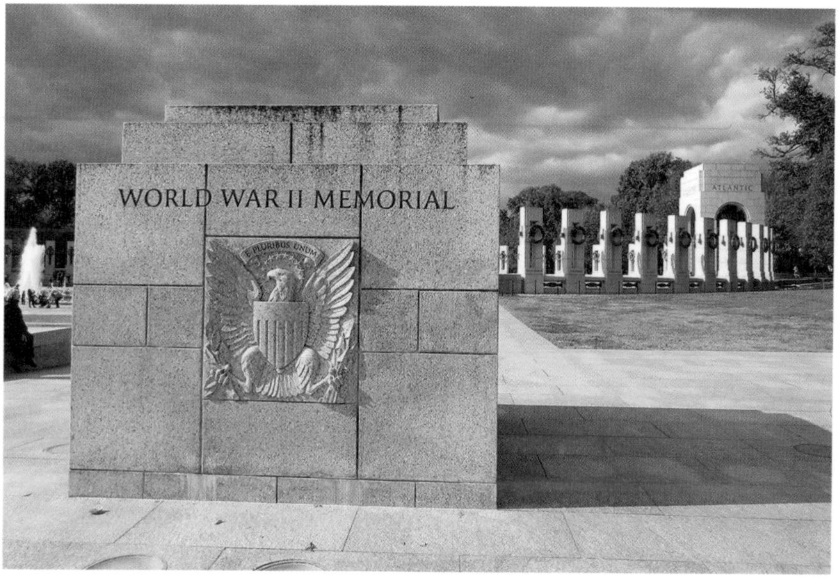

常煮飯煮到一半就得「跑空襲」，跑完躲完之後再回來繼續煮飯，這種待遇已經比還得分娩的孕婦好些。一九四五年美軍進行「台北大轟炸」（Raid on Taipei），共發射三千八百發炸彈，炸毀了當時的台灣總督府（今日總統府），台北死傷萬餘人。

不過，同時期的台灣島上，有一群人聽到空襲警報會振奮無比，感覺救星來了，他們就是被關在全台各地的歐美戰俘。

曾有美軍飛行員在台灣上空被擊落，跳傘求生被俘虜後，關押在台北刑務所（台北市金山南路二段四十四巷），最後共有十四位美國飛行員遭到槍決，死在台北。如今這些飛行員的後代，每年五月都會千里迢迢從美國飛到台北，在美國陣亡將士紀念日（Memorial Day）這天，聚在金山南路的中華電信大樓旁，舉辦一個簡單的悼念儀式，紀念先人犧牲。據統計，二戰期間共有五十七名美軍死於台灣。

溫萊特四世的麟洛經驗

當時日軍在台灣興建了十多處的戰俘營。其中九份金瓜石的戰俘營最惡名昭彰，又稱「金瓜石米英捕虜勞役所」，戰俘們從

最適合檢測英語能力的紀念碑。

溫萊特四世

事挖礦、鐵道、土木等勞役，虐死病死時有所聞。台南白河戰俘營的規模堪稱亞洲最大，關了八千多名包含美軍在內的同盟國戰俘。

屏東麟洛戰俘營情況稍微人道一點，還設有教堂，這裡囚禁過一位畢業於西點軍校、綽號「瘦子」（Skinny）的強納森溫萊特四世（Jonathan Mayhew Wainwright IV），一九四二年他在菲律賓被俘時，官拜美國陸軍中將，後來被押來台灣，除了屏東他還「住過」花蓮，他是整個二戰期間，美軍戰俘裡軍階最高的將領。

一九四五年八月十五日，日本投降，二戰結束。溫萊特四世終於獲釋，回到美國，美國人對於這位歷經一戰與二戰的老兵相當尊崇，一生都對老長官麥克阿瑟將軍非常忠心的他，最後晉升為四星將軍。

根據維基百科統計，二戰在全世界造成超過八千萬人死亡，其中蘇聯與中國各為二千萬，日本三百萬，美國四十多萬，台籍日本兵三萬多。我常想：台灣西邊有八年抗戰、北邊有原子彈與韓戰、南邊有越戰、東邊的沖繩島戰役也有二十萬人傷亡，換言之，上個世紀台灣周遭有好幾千萬人傷亡……

相較之下，我們的島嶼真的像艘方舟，承載了相對的幸運。

手機掃一下

美國紀念二戰新聞。（2015年華府特別邀請中華民國駐美代表沈呂巡出席二戰七十週年紀念活動，這是台美斷交後首次獲邀出席。）

CHAPTER 3 自己的大使館自己找

1970 年中華民國前駐美大使館內部

前駐美大使館

蔣經國訪美及艾森豪訪台

每年五月，華府都會舉辦使館日活動（Embassy Tour）。遊客在白晝六小時內，可環遊世界各國大使館，聽聽保加利亞合唱，喝喝肯亞茶飲，塗塗土耳其指甲花泥，摸摸祕魯駱馬等，在世界政治中心推出這種「在地國際觀」的文化活動，深受華府人喜愛。有些大使館遊客多到爆，像是愛爾蘭大使館每年必排隊，畢竟美國人的祖先很多來自愛爾蘭。

海地大使館的穿越劇

懶得排隊的我，剛好看到海地大使館（Embassy of Haiti）人少，便入內參觀。上到二樓，還被招待一杯海地國飲蘭姆酒。事後，才一整個地理大發現，冥冥之中我進到我們曾「館」轄的領土，原來海地大使館前身是我們的駐美大使館！懊惱當時走馬看花，沒認真拍照。想當年我們官

海地駐美大使館在使館日開放遊客參觀。

員在這上上下下，每日走灶腳似的，彷彿穿越時空了一次。

前駐美大使館，坐落在謝里登圓環（Sheridan Circle），華府人只要聽到這個圓環，就知道那是綠蔭大道、豪宅別墅、旗海飄揚的使館特區。使館外觀採法國路易十六建築風格，建於一九一〇年，首任屋主是金融家吉柏森法恩斯托克（Gibson Fahnestock House），他請來幫白宮西翼橢圓形辦公室設計的建築師親自操刀，可謂與白宮同等級，早年這一區還曾吸引南非的金礦、鑽礦等大亨來這蓋別墅。

一九四三年之前，中華民國駐美大使館位於亞當斯摩根區（Adams Morgan），由於當時欲覓更好的館址，剛好這棟金融家之屋要出售，金融家的長子當時被日軍關在馬尼拉集中營，這份同仇敵愾，讓中華民國在一九四四年以七點五萬美金買下這棟建築，成為繼任屋主。此後，這棟樓高五層、內有精美氣派大理石梯、擁有三座磚造煙囪的典雅建築，直到一九七九年台美斷交，都是我們的駐美大使館。

幫尼古拉與艾克敲行程

一九五三年，四十三歲的蔣經國還是國防部總政治部主任時，首度訪問華府。他一生訪問華府五次，每一次來，必到這兒打卡，應該都上到二樓主廳，喝茶歇腳，然後再到華

一九六〇年艾森豪總統在台北颳起熱帶氣旋。

府各處拜碼頭。由於他曾留學蘇聯，俄文名字叫尼古拉，我想美國人見到他應該也親切地稱呼他尼古拉吧！

一九六〇年六月，駐美大使葉公超在這裡跑上跑下，促成至今唯一一位美國現任元首艾森豪總統二十四小時旋風訪台之行。當時艾森豪搭乘專機到松山機場，坐著敞篷車進城，老蔣總統伉儷親自恭迎，艾克（Ike，艾森豪綽號）還在凱達格蘭大道對著五十萬台灣民眾發表演說。當年所有台北學生都被動員上街，穿著制服、頂著髮禁、揮著艾克小旗。趕快去問問你家長輩，也許他們也是恭迎一族，見過大場面呢！

可惜葉公超大使辦完這場世紀外交活動後，因鋒芒太露被老蔣總統拔官，回台後遭到監控。即便如此，葉大使仍努力寫字賣畫，贊助剛剛起步的雲門，鼓勵年輕的林懷民。

尋找其他失落的大使館

前駐美大使館，促成一位美國總統、五位美國副總統、數位美國國務卿，以及好幾位太空人訪台的輝煌紀錄。但這裡，也見證台灣從戰敗國、戰勝國、聯合國、韓戰、美援、越戰、退出聯合國、台美斷交等潮起潮落。

我憶起好多年前，在越南胡志明市時，有

對雲門舞集有恩的葉公超大使，曾在這辦公。

次經過 Hai Ba Trung 路，平日穩重寡言的華僑司機突然「起乩」，用濃濃的廣東國語跟我說，路邊那棟中式大房子，在越戰時，是中華民國駐越南大使館。

是啊！現在大家常有機會出國，總愛選擇好吃、好玩、好買的路線，何不試試另類旅遊法，以「前任屋主、地（基？）主」的心態，在世界各地尋找我們失落的大使館，拍照打卡，走訪巡禮，一定會有意想不到的能量，就像我這樣踏入海地卻找到台地。

最妙的還有旅館搭配！就在前駐美大使館不遠處，走路只要兩分鐘，有間知名的 B&B 旅店 Embassy Circle Guest House，旅店前身正是我們大使館武官宿舍，建議台灣人到華府時住住這裡，過過乾癮。

台美斷交多年，但許多對台灣有意義的房產建物都還保留在華府，仍有交易機會，希望我們能一點一點拾回，也許有一天，真的有一天，就像麥克阿瑟將軍說的：Whence I came, I shall return。

手機掃一下

海地駐美大使館帶領民眾參觀影片（海地大使在影片中提到台灣當初把大使館賣給他們的價格是……）

韓戰老兵紀念碑 台灣轉骨大力丸

有人說，台灣的命運，都跟北方朝鮮半島有關。一次是一八九四年在朝鮮半島開打的甲午戰爭，台灣被割讓；另一次則是一九五〇年的韓戰開打，台灣被協防。

一九四九年十二月國民政府遷台，眼看台灣下一步可能被中國大陸渡海拿下，結果隔年六月爆發韓戰，扭轉了局勢。中國大陸擔心如果北韓這塊地勢崎嶇的天然屏障被拿下，那麼整個東北平原將會門戶大開，趕緊把部署在台海的重兵，移防鴨綠江邊；而美國也意識到，二戰時日本可以一路從菲律賓南下巴紐，最主要是掌握了台灣的關鍵位置，如果台灣被中國大陸拿下，那麼整個東亞與太平洋第一島鏈就破口了。

開啟台灣美式生活圈

一九五〇年七月，麥克阿瑟將軍（Douglas MacArthur）立刻飛抵台灣，下榻草山行館，麥帥勘查台灣後，稱台灣是「一艘不沉的航空母艦」，他促使杜魯門總統派遣第七艦隊協防台海，阻止共產勢力入島。接著一九五一年，美軍顧問團一行三十三人抵台，之後共派出十四任團長駐台，最高紀錄駐台人員曾達兩千多人，如果再加上眷屬們，那年頭在台灣趴趴走的阿斗仔可不少。韓戰打了三年，在朝鮮半島造成兩百五十萬人傷亡，不過，卻開啟了台灣美式生活圈，陽明山（山仔后）、天母（美國學校）、北投（威靈頓山莊）等發展都與韓戰息息相關。

韓戰時期，美國《時代》雜誌創辦人、新聞巨擘亨利魯斯（Henry Luce）首次訪問台灣，東海大學路思義教堂就是出生於中國的他，為了紀念傳教士父親所捐建的，而圓山大飯店也因韓戰關係，成為外賓下榻台北的首選。

健素糖、歐羅肥、DDT的美援回憶

從一九五一年開始，台灣連續十五年，每年從華府獲得一億美金的貸款援助，史稱美援時代。這對尚未走出二戰陰影的台灣而言，堪稱轉骨改運大力丸，仔細想想，從古至今很少國家這樣幫助台灣吧！世界進入冷戰，台灣卻因冷轉熱，按時服下十五帖後，體質強健了，台電、西螺大橋、德基水庫、石門水庫等陸續完工，至於小孩穿麵粉袋、吃健素糖、吃長壽麥、噴DDT、用歐羅肥（豬飼料）、看《豐年》雜誌等，則是美援時代那輩人共同的成長回憶。

該慶幸韓戰救了台灣？沒有韓戰台灣會變怎樣？來到華府，如果我用布袋戲口白「死道友不死貧道」的角度來看韓戰老兵紀念碑（Korean War Veterans Memorial），未免也太沒同理心了，但事實上，台灣確實是韓戰的受益者。

韓戰紀念碑前方的三角地帶，種滿了杜松，象徵朝鮮半島崎嶇的地形。上面擺放了十九座全副武裝、真人比例放大的軍人雕塑，旁邊一堵黑色花崗岩牆，十九座雕像經過黑牆反射後，出現三十八名士兵，象徵北緯38度線劃分了南北韓，黑牆同時嵌入經過噴砂處理的美軍參戰人員照片。旁邊的淺水池，

有三叢南韓國花木槿花陪襯其中。園內那句再簡單不過的銘文「自由不是免費」（FREEDOM IS NOT FREE），一度把我拉回小時候那個還有反共義士與高喊一二三自由日的年代。

呃，不過我實在不推崇這些雕像與肖像，太具象也太老派了，剝奪了觀者的想像與省思空間。但從那裡，望向拔地而起的華盛頓紀念碑，倒是一個清幽天地。

手機掃一下

韓戰老兵紀念碑介紹

中國城

青天白日滿地紅的春節遊行

華府有個地鐵站，月台上閃著扇型霓虹燈，人行道上有十二生肖標記，出口處有座中式牌坊地標，它是全世界最長的單跨拱門，鮮豔奪目、金碧輝煌，由漢高祖劉邦後裔、在台灣接受中小學教育的華裔建築師劉熙（Alfred H. Liu）設計，原來中國城（Chinatown）到了。華府中國城，頗具現代感，甚或寬闊，還有綠蔭，不像好萊塢電影裡的舊金山或紐約中國城，總是復刻著黃種人的異質記憶。

紅包、遊行、三太子

每年農曆新年，華府都會舉辦熱鬧的遊行，舞龍舞獅，鑼鼓高蹺，還有華埠小姐水噹噹入場。沿途發送紅包的活動最受華府人喜愛，連維持秩序的警察一拿到紅包，也不忘偷偷檢視裡面到底包了幾塊。去中國城看洋

建於 1986 年的華府中國城牌坊，在天安門事件時，曾被華府人用黑布蓋住，悼念六四事件死難的中國人。

人反應，別有一番樂趣。

而且啊，我們青天白日滿地紅的國旗，大方飄揚，處處可見，完全不受「厲害了我的國」打壓，連台灣民俗陣頭的電音三太子也現身，保庇遊行，這背後一定有故事。

一八四八年，美國加州興起淘金熱與鐵路熱，國力衰弱的大清國沿海居民，嚮往到美國當移工，林則徐當年曾用「豬仔」形容這些擠在船上、準備去舊金山當苦力的廣東人，滿紙辛酸淚。在淘金熱與鐵路熱結束後，這些華工多半續留美國，並逐漸往東岸遷徙。

一八五一年，史上第一個落腳華府的中國人是Chiang Kai（中文名不詳）。當時的唐人街在國會大廈附近，是個小規模的聚落，人數不滿百，多以不需講英文的洗衣業為生，並發展出餐館、理髮、裁縫、藥鋪、鴉片煙館等，彼此互助照應。

一九三一年，華府推行都市改造計畫，原本的唐人街被政府收回，數百民眾被迫遷到南北戰爭前的德國猶太老區，也就是現在中國城區域，逐漸發展成三十二個家族、八百人的華埠。

如今你在維多利亞風格的紅磚屋牆上，看到堆疊著堂口、公所、會館的方塊漢字，往往透著一種神祕的老派張力。「安良工商會」以除暴安良、協助海外華人為宗旨，入會者必須斬雞頭、歃血盟、拜關公；轉角處的「昭倫公所」協助姜太公後裔譚、許、謝等宗親；「至孝篤親公所」則以舜帝後裔陳、胡、姚、王等宗親服務為主。

華府中國城新年遊行，深受華府人喜愛。

台味來了。

力挺ROC的中華會館

韓戰時期美軍協防台灣，台美邦誼增溫。一九五一年華府中華會館（Chinese Consolidated Benevolent Association of Washington, D.C.）正式成立，一直是中國城的精神指標，二〇〇六年搬到現址這棟四層樓建築內。這裡除了辦公室之外，其他空間還租給低收入人士，幫助華人生活所需，並舉辦義診、義墳（安葬窮人並定期掃墓）等活動。

華府中華會館向來支持台灣的中華民國政府，儘管全美各大城市的中國城，有的已改掛五星旗，但我猜美京華埠因身處首都聯邦政府，有其特殊的政經考量，即使歷經台美斷交、中美建交，中華會館始終力挺中華民國，每年春節遊行與國慶升旗，眾人揮舞ROC國旗、集合整隊的地點，就在中華會館前方的中國城公園。

在紐約賣刈包成名的黃頤銘（Eddie Huang）出生在華府中國城，我想他小時候一定曾在中華會館前蹦蹦跳跳，所以才能寫下氣血鮮活的自傳《菜鳥移民》（Fresh Off the Boat），拍成了電視影集，大受好評。

手機掃一下

華府中國城新年大遊行新聞報導

中華會館，華府僑界地位最高的機構。走進去，仍有老派堂口的神祕感。每年十月國慶典禮，在中華會館前方的公園舉辦。

阿靈頓國家公墓

許多「住戶」生前待過台灣

如果你到華府只能選一個地方旅遊，我會推薦你到阿靈頓國家公墓（Arlington National Cemetery），只要你無禁無忌。事實上阿靈頓公墓並不在華府，它在維吉尼亞州，但它是大華府地鐵系統的一站，距離華府一點也不遠，過河就到。

全美近一百五十座國家公墓中，就屬阿靈頓國家公墓名氣最響亮，聚集了自南北戰爭、美西戰爭、一戰、二戰、韓戰、越戰、太空競賽、伊拉克戰爭、阿富汗戰爭、反恐戰爭等一百五十多年來的四十多萬名官兵軍眷墳塚。

秋天楓紅時節，樹葉彩度最高，來這除了可漫步健行，從林間透出的銅管軍樂源自南北戰爭的〈熄燈號〉（Taps），彷彿蒞臨免費的高水準戶外音樂會。沿途白色墓碑，宛如骨牌軍陣，很是壯觀。在這片前有河灣、後有山坡的磁場，省思生前再怎麼風光的將軍、總統，身後也是墓碑一只。從墓的角度，把生命倒回，找活的意義，人生一場，到底為何？

黃色建築阿靈頓宮，南北戰爭前是李將軍府邸。如今修復得和內戰前一模一樣。

從將軍府到陰宅地

阿靈頓國家公墓最高點是一座山丘，山丘上有一棟黃色宅邸名為阿靈頓宮（Arlington House），曾是南軍統帥李將軍（Robert E. Lee）夫人娘家房產，視野遼闊，可俯瞰整個波多馬克河、華盛頓紀念碑、國會大廈等，與林肯紀念堂遙遙相望。

阿靈頓公墓鄰近機場，飛機起降聲不斷，彷彿放送空中禮炮。

一八三一年，李將軍這位年輕有為的西點軍校高材生，娶了青梅竹馬、國父華盛頓的繼曾孫女（華盛頓沒有自己的孩子，他的後代都是夫人瑪莎與前亡夫所生的繼子）。李將軍婚後住在妻子娘家這片廣闊的莊園，長達三十年的幸福生活。

然而，南北戰爭爆發，昔日有著大片玫瑰園、放牧一千八百頭牛的將軍府，頓時成了埋屍地，李將軍夫婦再也沒回來過。內戰結束時，已有數千名軍魂長眠於此，從此這裡成為軍人最高榮譽的國葬用地。如今，黃色的阿靈頓宮，與白色的林肯紀念堂，兩相對望，寓意南北，永遠和諧。

從阿靈頓宮俯瞰華府。前方是甘迺迪墓。

跟台灣有關的墓友們

放眼望去，阿靈頓國家公墓四十萬墳塚，外籍人士比例極低，可能不到百位，以英國、越南、法國、加拿大、義大利、荷蘭籍為多。第一位華人死者叫 Nia-Chien Liu，死於一九四六年十月十九日，但他身分神祕，至今無人知曉，有人說他是國民黨少校，但查遍美中台三地的檔案，竟無此人紀錄，也有人說 Nia-Chien Liu 可能被拼錯，如果是 Nai-Chien Liu，那麼此人跟飛虎隊（A.V.G.）淵源很深。無論如何，能葬在阿靈頓公墓，絕非泛泛之輩。

除了這位神祕的國民黨少校，阿靈頓公墓有不少「住戶」都來過台灣，之前提過的最高戰俘溫萊特四世就是一例。到了美軍進駐台灣的一九五〇至七〇年代，像是住過台北西門町及新生北路三段、因台北潮濕天氣導致支氣管炎不斷復發、常與蔣夫人玩橋牌的飛虎隊將軍陳納德（Claire Chennault），一九六〇年代葬於阿靈頓國家公墓內。二〇一八年他的遺孀陳香梅（Anna Chennault）過世，華府人用鋼鐵蝴蝶（steel butterfly）總結她的一生，遊走美中台三地的陳香梅，確實有著那個年代女性非常少有的俐落節奏感，她應是第一位華人女住戶。

甘迺迪、賈桂琳以及兩位早夭孩子的墓。甘迺迪生前對台灣有情有義，展現六〇年代的台美邦誼。

陳納德、陳香梅

甘迺迪墓的永恆之火

阿靈頓公墓最有名的景點，就屬甘迺迪總統的墓。美國總統過世後，多半選擇回到自己的家鄉或發跡地，塔夫脫（William Taft）與甘迺迪是少數葬於阿靈頓公墓的總統。一九六三年甘迺迪被暗殺，美國人設計了一個類似篝火概念的高科技永恆之火，無論風吹雨打，一年四季都不熄火。他的遺孀賈桂琳在一九九四年過世，連同其他兩名早夭的孩子，一同合葬在甘迺迪身旁，接受眾人景仰。

美國總統定期都會到阿靈頓主持儀典，如能做到安頓生者、安息亡者、安寧國者，那麼國家公墓的價值也就彰顯無遺。近年來阿靈頓公墓最大問題是空間不足，還有環保、觀光、開發等各項爭議。

手機掃一下

阿靈頓國家公墓
YouTube 頻道

國家藝術館

台灣故宮盛大開展

國家藝術館（National Gallery of Art）分成東、西兩樓，西樓，是我私心喜愛的地方。大廳，有靈巧清涼的水星之神噴泉，還有綠洲式可歇腳放空的中庭。每次去，飽覽歐洲中世紀雕塑、文藝復興時期畫作、印象派收藏，貪圖那些自家沒有的色調、空間、光線、植栽。特別是那些室內綠蔭，相當程度降低了館內人員不斷勸說遊客，背包只可單肩背不可雙肩背的壓力。

館內牆面也很吸引我，有些刷粉彩，有些鑲木作，有些貼壁紙。最貼心的是沙發很多，久坐發呆也不會有人趕你，唯一的風險是，偶有遊客較少的落單片刻，那些逼真到不行的名畫，隱隱有還魂之可能。角落一隅還賣家具呢，標價當然咋舌。這裡是提香、莫內、畢卡索的主場，但真正讓我驚訝的是，台灣故宮的瓷器、字畫、青銅鼎也來過這，到底怎麼回事？

西半球唯一達文西名畫

國家藝術館的創辦人是安德魯梅隆（Andrew Mellon），一九二〇年代他在華府擔任財政部長時覺得，堂堂美國首都怎麼沒有一個國家級的西洋藝術館？斜對面那間亞洲藝術佛利爾藝廊都風風光光成立了，於是拋磚引玉，將私人收藏品捐出，後來得到小羅斯福總統與其他收藏家的共襄盛舉。

一九四一年，國家藝術館正式開幕，坐落在國會山腳下，模仿羅馬萬神殿的大理石建築，入口處有噴泉，採光明亮，綠意盎然。然而開幕後沒多久，珍珠港事變爆發，撼動華府圈，館方決定舉辦慰勞軍民的免費音樂會，這項傳統一直持續至今，堪稱是華府歷史最悠久的免費音樂會。

如今遊客在這，除了可欣賞林布蘭、梅維爾、塞尚、梵谷等畫作之外，鎮館之寶就是全美洲、西半球唯一收藏的達文西雙面油畫《吉內薇拉班琪》（Ginevra de' Benci），據說達文西的指紋還留在畫上。另外中世紀畫家杜勒（Albercht Durer）的版畫《憂鬱 I》（Melencolia I），拜暢銷小說《失落的符號》所賜，也很受歡迎，作者丹布朗說這是歐洲藝術

全美洲、西半球，唯一的達文西雙面油畫《吉內薇拉班琪》。

作品第一次出現魔術方塊，象徵古埃及玄密知識，落入祕密社團共濟會手中的一項證據。不過，我總覺得這些名畫未免太新了，是美國修復技術太強？還是防盜考量所以都放複製品？

《時代》雜誌牽線故宮轟動華府

珍珠港事變讓美國驚覺亞洲的重要。二戰、韓戰結束，美國把眼光轉到亞洲，對宛如古希臘神話主角奧德賽不斷遷移的故宮文物，產生莫大興趣。率先提議台灣故宮到美國展覽、且願意贊助經費的是《時代》雜誌創辦人亨利魯斯（又名路思義），這位美國媒體巨擘在山東出生，曾隨傳教士父親在中國度過童年，對中國文物有一份很自然的感情。

好不容易才遷台的故宮文物，還放在台中霧峰北溝，真的又要千里迢迢出國比賽嗎？我方考量萬一故宮文物出國，遭到中國透過法律程序申請扣押那就糟了，最後在甘迺迪總統主政時期，美國國務院書面保證支持我方豁免權，並由兩國總統共同擔任名譽倡導人，才正式成行。

一九六一年故宮文物先從霧峰北溝運到基隆，美方派打過韓戰的布萊斯峽谷號（USS Bryce Canyon），把二十三箱、兩百多件、平均千歲的寶物，從基隆運到洛杉磯，再從洛杉磯坐了好幾天的火車，

當年這裡擺放過故宮珍品。

抵達華府國家藝術館。我聽過另一說法，美國打的如意算盤是，萬一台海局勢不穩打了起來，那麼故宮珍寶可先移存美國，此舉可說是預演，完全符合美國利益呢。

故宮珍寶在華府展出兩個半月，門口豎立兩國國旗，故宮的字畫、瓷器、古物、玉雕橫跨了十多個廳室，還搭配竹子造景，據統計每五個華府人就有一個看過故宮展，真可謂「故宮一出，誰與爭鋒」。台灣故宮經由《華盛頓郵報》、《紐約時報》、《時代》雜誌、《前鋒論壇報》等主流媒體報導，國際知名度大增，從此晉升與巴黎羅浮宮、倫敦大英博物館、紐約大都會博物館同等齊名的世界級一流博物館。

在故宮文物展圓滿結束後，國家藝術館首度迎來了名畫《蒙娜麗莎》。第一夫人賈桂琳成功借用法國羅浮宮藝術力，轉換了古巴飛彈危機後華府的緊張氛圍，無論內閣官員、國會議員、最高法院大法官們，全都來朝聖達文西第一名畫，《蒙娜麗莎》有點像媽祖出巡，全華府都來迎迓。

一九七八年，國家藝術館成立了以現代藝術為主的東樓，請來華裔建築師貝聿銘設計幾何三角造型的建築，作為安迪沃荷、亨利馬諦斯、亞歷山大考爾德等作品的展出空間。連結東、西兩樓的地下通道，設有全世界最大、最繁複的LED光雕走廊。

一九九一年台灣故宮第二度進入國家藝術館，與其他三十一個國家共同參展，能見度雖不若一九六一年那次，卻是台美斷交後的第一次，別具意義。一九九七年台灣故宮第三次重返，華府再見瑰寶，但出發前遭到台北藝文界的抗議，紛擾不小。

很多人以為國家藝術館隸屬於史密森尼學會，其實不是，它直屬於美國政府。藝術從來就不只藝術，終歸是政治。

手機掃一下

國家藝術館介紹

國家航太博物館

黑貓中隊高飛的U-2戰機

所有到華府的人都必去國家航太博物館（National Air and Space Museum）朝聖。大家都說帶小孩逛，能啟發他們對科學、飛行、宇宙的興趣，可我總覺得那些飛機、航具、渦輪不就是令人焦慮的武器？一開始我都隨便逛逛，就驅趕小孩到館內麥當勞吃喝。

後來，我摸索出一套帶小孩看飛行武器且能減少罪惡感的方法，那就是從台灣視角出發。

台灣第一位飛行員謝文達受到哪位美國鳥人啟發？哪位美國飛官在自傳裡提到台灣三十七次？台灣早年神祕的黑蝙蝠中隊、黑貓中隊駕駛哪款飛機？一九八五年首位華裔太空人王贛俊（Dr. Taylor Wang）是師大附中校友？還有令台灣人「足感心」的林格倫（Dr. Kjell Lindgren），他從國際太空站拍下颱風照片，提醒台灣警戒，原來他是史上第一位出生在台灣的NASA太空人，一九七三年次屬牛的他，媽媽來自台灣。

門口的雕塑叫做 Ad Astra，有摘星之意。

從熱氣球、紙風箏說起

國家航太博物館的緣起，可追溯到一八六一年愛好熱氣球的科學家約瑟夫亨利（Joseph Henry），他研發的熱氣球曾在南北戰爭中，扮演刺探軍情的角色，從那時起，美國人對飛行的熱愛從未止息。一九八七年，美國建國百年，舉辦世界博覽會，大清國為表祝賀之意，捐贈了二十件紙風箏給美國，後來這批紙風箏成為國家航太博物館最早的館藏，原來風箏不是童玩，而是航太科技鼻祖。

美國鳥人啟發台灣第一位飛行員謝文達

一九一七年，二十七歲的美國飛行家亞瑟史密斯（Arthur Smith），應日本人邀請，來台進行四場飛行炫技表演。他訪台期間，剛好遇上美國國慶日，特別免費加映一場夜間飛行，夜空中噴出的火光，帶給日治時期的台灣人，全新的感官體驗。

當時就讀台中一中的謝文達，看到亞瑟史密斯的表演，大受激勵，決心學飛。三年後，謝文達終於如願，一九二〇年未滿二十歲的他，在台中孔廟上空駕駛「伊藤式惠美五號」，創下首位台灣人飛行紀錄，轟動全台。

1973 年出生在台北的 NASA 太空人林格倫。

美國建國兩百週年賀禮

戰爭，加速了飛行器的發明。二戰後，緊接著又有韓戰、越戰，美國挾持強大的空戰能力，蓄積航太博物館的成立動機。

一九七六年適逢美國建國兩百週年，國家航太博物館正式在華府國家廣場開幕。開幕半年，就吸引五百萬遊客參觀，至今它仍是全美，甚至全球最熱門的博物館。博物館正門有大片玻璃帷幕，大廳擺了火箭、飛機、滑翔機、太空船晶片等，二樓則是講述航海、羅盤、星象、太空梭等寓教場所。博物館還有另外一個更大的展區，位於維吉尼亞州。

國家航太博物館擁有許多神奇寶貝，像是：阿波羅號登月艙、聖路易精神號（一九二七年林白〔Charles Lindbergh〕獨自橫跨大西洋駕駛）、洛克希德薇嘉號（一九三二年艾爾哈特 Amelia Earhart 獨自橫跨大西洋駕駛），還有更早期萊特兄弟發明的飛機等。

美國首位黑人飛官的台灣之行

早年來過台灣的美軍非常多，除了之前提過的飛虎隊將軍陳納德，還有西點軍校史上第一位非裔校友、四星上將戴維斯將軍（Benjamin O. Davis Jr.，一九一二至二〇〇二）。戴維斯就讀西點軍校時，黑白種族問題嚴重，軍校內沒人想跟他同寢室，沒人想跟他說話，他過著隱形人的生活。但戴維斯沒被逼退，渴望飛行的他，把握每個接觸飛航知識的機會。

一九四一年珍珠港事變後，美國得同時應付兩洋戰場，開始思考徵招黑人飛行員。在此之前，白人不認為黑人懂得飛行。由於戴維斯在義大利、德國、非洲立下彪炳戰功，改變了軍中種族歧視，開拓了黑人飛官生存空間，後來美國空軍是第一個打破種族隔離政策的軍種，比陸軍、海軍要早，戴維斯居功厥偉。

一九五五年韓戰結束，二十七歲的戴維斯派駐台灣，擔任台北通訊站（Taipei Air Station）創隊指揮官，工作地點在今日台大管理學院。兩年駐台期間，據說他為台灣引進的飛彈讓金門打贏八二三炮戰，一九六七年曾再度訪台。戴維斯退休後出版自傳，書中提到台灣三十七次，可見台灣在他人生佔有一定分量。他晚年在白宮被授予四星殊榮，二〇〇二年過世，葬於阿靈頓國家公墓。

派駐過台灣的戴維斯將軍（右）。台灣海峽「中線」就是當年戴維斯協防台灣時劃出的海空界線，又稱「戴維斯線」（Davis Line）。

疾風魅影空軍35中隊

還有一項神奇寶貝，對台灣遊客尤其重要，那就是纖細修長的U-2偵察機。韓戰後進入冷戰時期，美軍需要偵蒐，台灣也需要，雙方展開軍事合作。台灣在美國協助下，組成兩支極機密的飛航中隊，悄悄飛入中國大陸進行拍照，收集核武、雷達、導彈等戰略情資，這就是赫赫有名的34中隊（黑蝙蝠）以及35中隊（黑貓）。

一九六一年美國提供全球最先進的Lockheed U-2偵察機給台灣，黑貓中隊的隊員們必須飛上十萬英尺高空，不分晝夜，進入甘肅、青海、新疆、內蒙、東南亞等地區進行偵蒐。他們可說是功力最高強的飛行員，最久飛行時間長達十五小時。黑貓隊員必須穿著類似太空衣的壓力衣，非常悶熱，每次出任務，體重就掉三公斤，萬一壓力衣破了，數十秒內即可能吐血身亡。

黑貓中隊曾數度被中國擊落，隊員或俘或死，像是台北市懷生國小、懷生國中，就是用來紀念因公殉職的陳懷生，他曾為U-2偵察機設計黑貓圖案，製作黑貓夾克。據隊員說，就算平安返航，快降落台灣時才最危險，那種重新回想自己剛經歷的一切，恐懼的N次方，恍如投胎轉世。

一九七四年美國尼克森總統訪問中國，美國中情局CIA也在這年撤離了台灣，那些U-2偵察機，也就跟著飛離台灣了。好在最近有位導演楊佈新，拍了《疾風魅影黑貓中隊》，重新提醒世人，我們曾走過的歷史。

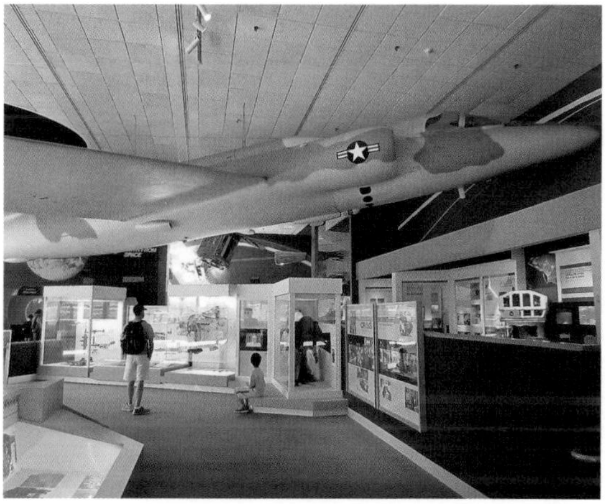

Lockheed U-2 偵察機承載台灣黑貓中隊的傳奇血淚。

手機掃一下

國家航太博物館導覽

國家郵政博物館

美國兩度發行孫逸仙郵票

一般華府觀光客，除非是集郵者，否則到國家郵政博物館（National Postal Museum）參觀的人並不多。老實說我會到訪，是因被館外黑人遊民 baby~baby~ba-by~ 喊的有些驚慌，趕緊入內避難。

現代人很少貼郵票寄信了，對我們來說有了手機何需郵票，因此這個博物館很容易被忽略。美麗精巧的國家郵政博物館，位於聯合車站旁，前身是華府郵政總局，所有進出美國首都的郵件包裹都要透過這裡，一九九三年轉型成為博物館，成為全球集郵者的朝聖地。二〇〇一年炭疽病毒首次透過郵件攻擊美國，造成傷亡，郵政安全也升等為國安層級。

驛馬與小狗郵差

美國早年規劃城市，車站、郵局都是最優先設置的，從郵票來認識美國燦爛紛呈的歷史，頗有一番趣味。國家郵政博物館存有英國殖民北美時期的印花郵票，小小一枚郵票，埋下美國獨立的第一顆種子，英國對北美所有印刷品課上等值的印花稅，萬稅萬稅萬萬稅的政策，導致北美十三州的居民反感。

美國史上第一張郵票在一八四七年發行，印有開國元勳富蘭克林和國父華盛頓。之後西部舊金山爆發淘金熱，「驛馬快遞」（Pony Express）順勢出現，從東岸到西岸，部署了一百八十四個驛站、四百匹馬和數百名工作人員，郵件運送時程約十日可達。

小狗郵差奧尼（Owney），也寫下盡忠的一頁。奧尼原本是隻流浪狗，一個雨夜，牠到郵局避雨，由於喜歡郵袋氣味又聽人話，從此成為美國史上最專業的郵差狗，隨著馬匹、鐵路、輪船踏遍美國本土，甚至到過歐亞非三大洲，日本天皇還頒發兩本狗護照和獎牌給牠呢。

館內有世界各地的郵筒。

全球最貴郵票一張九百五十萬美金

館內有全球最大的郵票畫廊，收藏全世界每一個國家的郵票，即便有些國家已消失，或整併或改名，但舊時的郵票仍保存完好如新，時間彷彿凝固在小小方格中。另外美國建國兩百多年來，查無此人的神祕失落信件（Dead Letter），也被整理妥當，這些「失信」就像瓶中信般，讓人著迷，想探究背後原因。

全球最貴的一枚珍稀郵票也在這裡。一八五六年南美洲英屬蓋亞那發行的一分品紅郵票（British Guiana one-cent magenta stamp），全世界僅剩這張，號稱是郵票界的蒙娜麗莎，當年面額美金一分錢，如今拍賣會要價九百五十萬美金。想成為珍稀郵票有三個要件：一是發行量極少，二是當年郵票設計印刷留下有趣的錯誤，三是具有非比尋常的歷史意義。目前館方珍藏的二十四國珍稀郵票中，亞洲入選的國家只有三個。

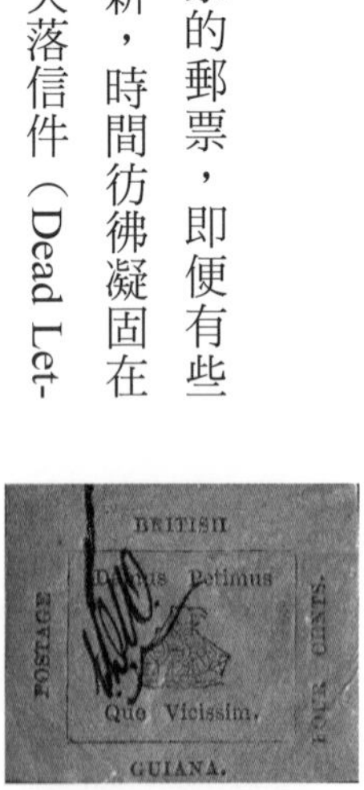

郵票界的蒙娜麗莎，九百五十萬美金。

孫文革命十次郵票也改了十次

小小的郵票，反映了國與國之間的親疏關係。一九四二年美國在科羅拉多州丹佛市（Denver），發行一款孫逸仙紀念郵票，之所以將孫逸仙與林肯並列，是因為當時中美雙方共同抗日，二戰盟邦需要「郵你郵我」。各位知道嗎？會選丹佛這個地點超有哏的，辛亥革命武昌起義時，孫逸仙根本不在國內，他在丹佛，當他看到美國報紙寫著大清國被推翻了，才趕緊收拾包袱返國，商討建國大計。

第二次美國人幫孫逸仙設計郵票，是在一九六一年的華府。陳誠副總統訪美，在白宮與甘迺迪總統會面，甘迺迪為了慶賀中華民國建國五十週年，決定發行郵票表示對孫逸仙的敬意。據說當時設計者光是應付國務院與我方大使館的要求，焦頭爛額，舉凡服裝，太陽光輝，印刷顏色等，前後至少改了十次以上！

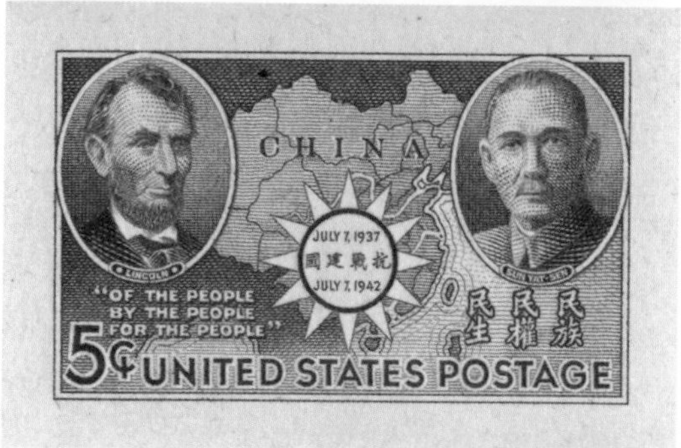

01 全世界最大的郵票畫廊，關於台灣的郵票也藏在其中。

02 一九四二年孫逸仙第一次印在美國郵票上，與林肯並列。

03 一九六一年美國人再度發行孫逸仙紀念郵票。

手機掃一下

國家郵政博物館

越戰老兵紀念碑

華航成立全拜越戰所賜

我們出國常搭乘華航，但你知道如果沒有越戰，就沒有華航嗎？一九五九年越戰開打，美軍因空投補給需要，在台灣成立軍用航空公司，也就是華航前身，一九六六年，華航第一條定期國際航線，正是台北飛西貢（今越南胡志明市），可見華航創立與越戰關係深厚。我之前住過越南，也寫過一本越南的書，因此來到華府，絕對要去看看鼎鼎大名的越戰老兵紀念碑（Vietnam Veterans Memorial）。

象徵傷口的V型黑牆

第一眼見到越戰紀念碑時，還看不出甚麼名堂。隨著地勢陷落，V型花崗岩黑牆也緩緩深入地心，牆上刻滿了五萬八千名陣亡美軍名字，一行行襲來，彷彿走入一道靜默卻永遠裂開的傷口。為了讓黑色碑牆有最佳反射效果，特別選用印度黑石，家屬、悼念者、遊客站在牆邊，可與陣亡將士的名字，映照在同一時空中，具有哲思意義。

那些看似與我無關的美軍名單，隨手可觸摸，即使是路人甲乙，經過黑牆鏡面反射，也都跟名字聯結了起來。紀念碑不是用來控訴或發洩，而是讓人省思撫慰，這面碑牆，端看你投射了甚麼，以及你接住了哪種投射。

碑牆旁有一份陣亡將士名錄。先翻閱名冊，按字母索驥，然後在碑牆上找到對應行列，找到你要找的名字之後，許多人都會拿紙筆，把名字拓印下來，這是一種特別的療癒儀式。

牆邊，常有人留下各種紀念物品，國旗、鮮花最常見。曾有人把美軍紫心勳章（Purple Heart）扔在此地洩憤，把所有跟越戰有關的東西遺棄在這，都允許表達，都被包容。工作人員悉心把這些遺物收集起來，舉辦特展。

越戰老兵紀念碑。V 型開口，象徵傷痛。

前方女孩一個簡單的觸摸，連結了古與今、戰爭與和平、亞洲與美洲。陣亡名單按時間順序排列，名字前方的鑽石代表死亡，十字架代表失蹤。

設計師林瓔是林徽因姪女

越戰老兵紀念碑由華裔設計師林櫻（Maya Lin）設計，林瓔的人生跟越戰也有某種巧合，她出生那年，剛好就是越戰開打那年。一九八一年二十二歲的她，參加越戰紀念碑設計競賽，脫穎而出，當時她還是耶魯大學建築系的學生，她的姑姑是詩人徐志摩的靈魂伴侶林徽因。

林瓔的設計當初遭受很大的批評聲浪，她完全顛覆以往大家習慣的銅像元素，採用極簡抽象概念，不過最大的原因，恐怕來自她的亞裔身分。林瓔曾說，如果當初競賽不用編號而用姓名標示，那她絕無可能奪冠。如今，走訪越戰紀念碑的遊客，都深深感佩林瓔的設計，只有最簡單的表達，才能承載最經典的寓意。

時間還給林瓔公道，現在越戰紀念碑已然成為華府聖地，同時也是全美最受歡迎的建築佳作之一。

手機
掃一下

林瓔和越戰老兵紀念碑介紹

布萊爾賓館 蔣經國歡度農曆六十大壽

布萊爾賓館（Blair House）堪稱全世界最難訂的旅館，你就算有錢也未必能住，一切只能看你的八字或紫微命盤。如果你命中跟美國總統有緣，是他邀請的外賓，那麼就有機會躺在這棟位於白宮斜對面、擁有一百一十九個房間的古蹟國賓館。

有著綠色遮棚、近兩百年歷史的布萊爾賓館，門口看不到警察站崗，也沒有高聳圍牆，感覺好像沒有門禁，低調平凡得讓你很容易錯過，從外觀根本完全看不出內部別有洞天。唯一的線索就是屋外那根旗竿，如果插著外國國旗，代表內有貴客，想到一九七〇年，我們的國旗在這兒飄了四天，說什麼也要到此一遊、打卡拍照一番了。

從家屋到國賓館

建於一八二四年的布萊爾賓館，最初是一位美國軍醫的房子。一八三六年政媒兩棲的華府名人布萊爾（Francis Preston Blair）買下做為家宅，這就是布萊爾賓館的名稱緣起，他與兒孫三代在此居住近一世紀，他的兒子曾是林肯總統的閣員。

二戰期間，許多盟軍元帥飛到華府與美方進行軍事外交磋商，要搞定這些外賓住宿，並不容易，英國首相邱吉爾就曾多次建議小羅斯福總統，應設立外賓專屬住所。一九四二年美國政府買下布萊爾家屋及其相鄰的樓房，將內部打通，規劃為美國國賓館，當外國元首來訪時，就不怕招待不周了。

蔣夫人走味的下午茶

一九四八年夏天，白宮經歷自一八一四年英軍焚毀後最大一次整修，當時杜魯門總統一家人暫時搬到布萊爾賓館，在他搬入布萊爾賓館的第一個聖誕節前夕，蔣夫人因國共內戰問題，親自登門拜訪。不過杜魯門總統跟之前的小羅斯福總統截然不同，對她態度冷淡，雙方喝了一杯走味的下午茶，隔年國民政府撤出中國大陸，遷到台灣。

杜魯門在這一住住了四年，每天步行到對面白宮上班，期間曾有兩名波多黎各人企圖在布萊爾賓館對他行刺，一名警衛因而殉職，如今遊客可在柵欄上看到紀念牌匾。

蔣夫人、蔣經國都曾踏上這階梯。

蔣經國的生日早餐

一九七〇年四月二十日，蔣經國以行政院副院長身分訪問華府，尼克森總統「特別招待」他入住布萊爾賓館四晚。三日後，適逢蔣經國農曆六十歲生日，幾位派駐華府的台灣記者也應邀到布萊爾賓館和他共進早餐，大夥一邊幫他祝壽一邊進行採訪，其中包括了後來在華府新聞博物館留名的劉宜良。

尼克森這麼高規格接待蔣經國，其中必有因。果然隔年，尼克森派季辛吉密訪中國，美中台三角關係開始劇變，這是蔣經國在布萊爾賓館慶生時，沒有料到的發展。

最難喬的其實是白宮學長

如今，總體使用面積加起來比白宮主屋還要大的布萊爾賓館，收藏許多珍貴的油畫、家具、瓷器、銀具，內部光是浴廁就有三十五間，花店、美髮店、健身房也是必備，這樣的排場，應該能好好伺候來自五大洲的世界元首。

不過招待英國女皇、法國總統、日本天皇其實還比較單純，有時反而是自家人才麻煩。新當選的美國總統尚未就職前想申請住這，但尚未卸任的白宮學長卻未必放行，因此要喬好前後任總統的需求並不容易。看來，布萊爾賓館最難取悅的貴客，終究還是自家人啊。

手機掃一下

布萊爾賓館

喬治城

宋楚瑜的夜間部博班

如果親友來華府找我玩，我通常會帶他們去喬治城（Georgetown）走走。真的用腳走，這座有著哥德尖塔的河流懸崖小城，沒有地鐵站，只有適合步行的小巷小徑。喬治城的建築，像是樂高積木蓋的童話小屋，窗邊常見姿態大方的蘭花，你可能走過甘迺迪與賈桂琳的甜蜜小屋，我從此認為，喬治城只適合短髮女性出沒，因為賈姬新婚住這時正是一頭俏麗短髮。

故事光影閃耀在人行道、老教堂、商店、酒吧、餐館之間，堆著亞馬遜網購紙箱的門口，可能就是前總統、前國務卿、前《華盛頓郵報》總編、前好萊塢明星（玉婆伊莉莎白泰勒）、前間諜們的故居。代代風華的喬治城，也是白宮第一家庭偶爾偷溜出宮，轉換心情的私房首選。熱鬧的 M 街上有座陡峭天梯（Exorcist steps），曾是電影恐怖片《大法師》拍片實景。

古老的船運商港

喬治城的歷史上溯到英國殖民時期一七四七年，它是大船駛入波多馬克河最北的港口，英國人在此與印第安人進行毛皮、菸草交易，水手們、商賈們也聚在這裡買賣黑奴，蓄奴時代運送奴隸都靠港口，因此喬治城很早就發達熱鬧。之所以名為喬治，有人說是為了紀念英國國王喬治二世，也有人說是用來紀念當年兩位名叫喬治的地主，另一個也叫喬治的高大年輕人經常來此討論政治，他就是美國國父喬治華盛頓，喬治城一度是喬治們的天下。

如今在喬治城高級潮牌店、精品服飾店的街上，保存了全華府最古老的房子，建於一七六五年的老石屋（Old Stone House），街後還有古老幽靜的C & O運河，早年這裡有許多磨坊。南北戰爭時期，勇敢果決的露意莎梅艾考特（Louisa May Alcott）在這擔任護士，戰後，她寫下文學名著《小婦人》（Little Women），書中主角二姊喬，就是她本人寫照。

喬治城的古老運河。

一流名校喬治城大學

喬治城最有名的地標就是喬治城大學的尖塔建築。哥德式尖塔是校內希利堂（Healy Hall）的所在地，也是首次到訪華府的遊客在天際線上最容易辨識的第一印象。神聖的石造尖塔，鋪著紅毯的走廊，讓這所創建於一七八九年的華府名校，帶有歐洲氛圍。喬治城大學最熱門的系所是外交與國際關係，有前國務卿季辛吉這種大牌教授長期任教，難怪好幾位美國總統都是這裡的校友。

台灣也有不少政壇名人是這裡的校友，像是一九六八年宋楚瑜進入政治學博士班就讀，他說最吃力的科目就是比較政府，他笑說差點念到去跳波多馬克河哩。喬治城大學為了方便華府聯邦政府員工進修，特別開設夜間部的課，這也是宋楚瑜選擇這裡的博士班原因，他白天還得打工才能支付生活費，同學中不乏搭勞斯萊斯去上課的官員。一九七四年他拿到了喬治城大學政治學博士學位。

手機
掃一下

喬治城介紹

國家動物園
熊貓外交台灣擋不了

我向來不愛逛動物園，但有小孩以後，如果沒推著娃娃車帶小孩去動物園，好像不像個媽似的。到了華府，也帶小孩去國家動物園（National Zoo），也因為這樣，意外發現全華府最好吃的冰淇淋就在園內的兒童農場，大概那裏太適合遛小孩，媽媽們總能放鬆片刻，真正品嘗冰淇淋的好滋味。

十九世紀美國科學家發現，美洲野牛大量消失，一八八九年為了保育美洲野牛，在華府設立了這座全美歷史最悠久的國家動物園，由史密森尼學會管理，免費對公眾開放，是華府早期科學研究重鎮，也在國際享譽盛名。

乒乓外交與熊貓外交

動物園這樣一個看似闔家歡樂的地方，有時搖身一變成為政治競技場。

一九七一年當時尼克森總統為了擺脫越戰泥淖，決定拉攏中國，尼克森先派美國乒乓球隊訪問中國，乒乓外交後，國務卿季辛吉密訪北京，到了年底，中國正式取代台灣在聯合國的席位，台灣從此退出聯合國，至今仍無法進入。

隔年一九七二年初，尼克森總統正式破冰訪問中國，中國準備了兩隻四川大熊貓玲玲（女）和興興（男），送到華府做為回禮，熊貓樸拙可愛的模樣，馬上收服華府人的心。不過尼克森收下熊貓禮物沒多久，就爆發驚天動地的水門案，熊貓為華府帶來前所未有的政治想像。

中美兩國大玩熊貓外交，台灣只能被動接招，內心黯淡。拚外交，光靠人類還不夠啊。

熊貓至今仍是華府動物園人氣最高的明星動物，即便後來玲玲、興興這兩隻大熊貓死後，後繼

一九七二年尼克森夫人（紅衣）到親自到動物園迎接熊貓。

的熊貓仍吸引媒體目光。每逢園內有小熊貓誕生時，新聞就會不斷討論小熊貓該叫什麼名字，妙的是華府人很樂於遵守中國習俗，等到熊貓誕生百日後才正式命名。順便提一下，如果明星動物過世，《華盛頓郵報》還會為牠們發布訃聞，因為牠們都是替美國政府工作的聯邦政府員工呢！除了熊貓，斯莫基熊（Smokey Bear）也是華府人喜愛的明星動物，兩者人氣不相上下。

請問台大科學家芳名

目前華府動物園的動物總數共有兩千多隻，約四百種物種，其中有三十至四十種瀕危物種，佔五分之一。園內雖然沒有代表台灣的知名動物，但在著名的物種生存中心（SCBI），有位女科學家來自台灣！由於我查不到她的中文名字，就用 Pei-Chih Lee 稱呼她，長相清秀的她畢業自台大，留美取得博士學位後二〇一二年起在這擔任博士後研究員，致力保持生物遺傳多樣性，深深祝福她。

手機
掃一下

國家動物園導覽

水門大廈

水門案與台中清泉崗淵源

我第一次見到水門大廈（Watergate complex）時非常失望，怎麼會是一整個笨重又暗色？怎麼配得上史上最有名的政治醜聞竊聽風暴？後來才知道，批評水門大廈不只我一個人，一九六七年水門大廈東樓落成時，華府人就形容它龐然大物，有如陸上鯨魚或戰艦，儘管建築師原意希望它看起來像波多馬克河上的帆船。

水門名稱由來

水門大廈位於波多馬克河邊的霧谷地區，緊鄰美國國務院，由高級住宅、飯店、辦公室等大樓共同組成。早年大廈原址是間瓦斯場，設有水門作為調節水流與緊急救火之用，瓦斯公司搬走後，請來義大利現代主義建築師設計華府水岸第一排、豪華景觀大樓，建案的名稱就叫水門。

水門大廈建造之初標榜「城中之城」，是美國史上首座用電腦設計構圖的建築，外觀採水波式弧型，陽台採鹵梳式造型，試圖為華府帶來一抹流動感。標榜住戶無須離開大廈，就可滿足所有食衣住行育樂的需求，無論下雪天或颶風天，都可享受送餐、健身、購物、醫療、郵局等住戶專屬服務，更打造一座人工瀑布，仿造自然景觀。落成後，許多華府權貴、閣員、大法官甚至好萊塢名流搶先入住，其中一位住戶就是人稱鋼鐵蝴蝶的陳香梅。

陳香梅的頂樓派對

曾經住過台北西門町與新生北路的陳香梅，在夫婿陳納德將軍過世後，一九五九年帶著兩個女兒，前往華府定居打拚。很快在華府政界竄起，不僅穿梭台美，也是越戰信使。

到了一九六七年，四十二歲的陳香梅已有能力在水門大廈置產，她是東樓的首批住戶，搬進免受鄰居干擾、有著白色花園的頂樓空間，據說光是她的客廳就有三座壁爐，想必相當寬敞。她形容當時的水門生活，鄰居有運輸部長、助理國務卿、參議員、外交官等，住戶多是民主黨籍，從電梯裡殘留的雪茄味或菸味，就可判斷是哪戶鄰居剛搭過。一大早，司機開著打蠟打到光亮的黑頭車在門口等待，載男主人上班後，再回頭接女主人參加社交活動。白日偌大的房子就交由女傭整理，下午各家女傭會偷閒聊八卦，晚上常辦私人宴會，陳香梅曾在頂樓自家招待過尼克森總統。

陳香梅住過的水門大廈東樓。樓頂是否就是陳香梅的家？

保管尼克森錄音帶的人果然「清泉」

一九七二年尼克森總統訪問中國，與毛澤東、周恩來會面，水門大廈其中一棟大樓，發生了一起離奇竊案。報案人是六樓的民主黨辦公室，他們發現辦公室被闖入，文件遭偷拍，電話被竊聽。

在《華盛頓郵報》兩名年輕記者抽絲剝繭的追查下，發現事有蹊蹺，一直追查，發現背後主謀竟指向總統尼克森！總統暗中派人監視民主黨，而且所有監聽錄音帶，直通白宮。

奉命在白宮管理這些錄音帶的人，叫做亞歷山大巴特菲爾德（Alexander Butterfield），巧的是這位仁兄住過台灣，他曾在台中清泉崗空軍機場服役。知名喜劇演員鮑伯霍伯（Bob Hope）來台慰軍時，曾在清泉崗基地表演脫口秀，撫慰許多美國大兵，當時亞歷山大巴特菲爾德也許就在台下聽得哈哈大笑。尼克森監聽水門大廈的事一炸開，撼動華府與全世界，最後尼克森辭職下台，而管理錄音帶的人只是聽命行事，獲判無罪。水門案（Watergate scandal）從此成為政治醜聞的最高級代名詞。

如今，水門大廈經過多次易手，其中水門飯店在二〇一六年重新整修開幕。遊客在新的大廳，依舊想找尋竊聽刺激，用上千瓶的威士忌酒瓶打造的發光之牆，充滿琥珀氣氛，醜聞現場，更需要浮華魅力。

手機掃一下

進不去水門大廈，那就看看水門大飯店

五月花飯店

台美斷交蕭萬長牙齒掉十一顆

如果說水門大廈是醜聞景點，那麼五月花飯店（The Mayflower Hotel）也不遑多讓。如果你在五月花飯店，看到氣質優雅但高跟鞋出奇性感的美女，請勿驚訝，如果美女單獨在大廳佇足，千萬不要請她喝飲料藉機搭訕，因為不消幾秒分，就有人接她上樓，通常都上七、八樓，前紐約州長就是在這召妓被抓，州長花了四千多美金得到專屬服務，外加閃辭下台的代價。除了粉味花絮，五月花飯店在半世紀前可是正經嚴肅的地方，對美、中、台關係來說，它扮演了關鍵角色。

五月花的流變與多嬌

五月花飯店建於一九二五年、一次大戰後的爵士時代，也是費滋傑羅筆下《大亨小傳》的年

五月花飯店建築外觀圓渾，號稱「華府貴婦」。

代。開幕之初，因承辦柯立芝總統（Calvin Coolidge）就職舞會，聲名大噪，至今挑高兩層樓的豪華舞廳依然風光，在總統就職日舉辦舞會，已為飯店一大傳統。五月花是華府最早有冷氣的豪華旅館，每個房間都有古典四柱床、義大利大理石浴缸，大量使用黃金鑲邊，金碧輝煌的程度僅次於國會圖書館。

一九二七年，林白完成史上第一次橫跨大西洋飛航創舉，在此舉行慶祝舞會；一九三三年，小羅斯福總統於七七六號房內，寫下著名的就職演說稿「We have nothing to fear but fear itself」（我們唯一值得恐懼的就是恐懼本身）；一九四八年，杜魯門總統因白宮整修，曾暫居在此九十天；一九五〇年，情報頭子聯邦調查局局長胡佛（J. Edgar Hoover），常跟他的副手兼謠傳中的同性伴侶在此午餐，一吃吃到過世前為止。英國女王伊麗莎白二世、首相邱吉爾、老牌影星約翰韋恩、芭芭拉史翠珊都曾大駕光臨，外交官員、記者說客、情報人員，甚至應召女郎，全都翩然而至。

別小看飯店的門僮，這裡每一個基層工作人員都有火眼金睛，訓練有素，最愛目測誰是 Call Girl。

華府強力政治春藥

華府作為全球政治中心，前國務卿季辛吉說出「權力是最好的春藥」（Power is the ultimate aphrodisiac），最能深入華府的脈絡肌理。除了光鮮的政要名流、宏偉的街道建築之外，強力的政治春藥就在五月花飯店，這裡從門僮、櫃台、琴師、酒保到管理高層，均深諳客人隱私潛規則，口風緊的很。

一九六〇年代起，甘迺迪曾把黑手黨情婦茱蒂絲艾克斯諾（Judith Exner）安頓在八樓，她趁第一夫人賈桂琳不在時偷溜進白宮與甘迺迪幽會；一九九六年穿著藍裙襬的莫妮卡陸文斯基住過八六〇號房，她與柯林頓發生緋聞時年僅二十二歲。

小平同志你好

根據王景弘《採訪歷史》一書說，一九六一年甘迺迪總統向來訪的陳誠副總統表示，他會盡力防堵中共加入聯合國，陳誠離開華府前，特別選在五月花飯店設宴答謝甘迺迪，那是台美還很親密的時代。

好景不常，情勢到了一九七三年逆轉。美國與中國雖然尚未建交，但雙方已互設聯絡處，中國的駐美聯絡處，就設在五月花飯店內。

一九七八年十二月十六日凌晨兩點十五分，美國駐台大使安克志進入蔣經國總統的大直七海官邸，當面告知美方從隔年開始將與我方斷交，同時與中國建交。天一亮，當時三十九歲的國貿局副局長蕭萬長銜命赴美，肩負貿易談判重任，他一路從台北、東京、紐約轉機，在大雪紛飛中抵達華府五月花飯店，希望趕在斷交前，為台灣爭取永久最惠國待遇。

談判為期兩週。某日，蕭萬長從談判桌返回五月花飯店時，發現行李居然被丟棄在一樓大廳，原來聖誕假期飯店無人服務也無法供餐，他只好拎著行李改住附近的旅棧，對蕭萬長來說五月花真的變成雨夜花。經過十多日的艱辛斡旋，終於在十二月二十九日斷交前三天，替台灣煉成了一帖保命丹。回台時，他嘴破眼腫，最後還拔了十一顆牙，足見壓力之大，國事如麻。

蕭萬長前腳剛走，鄧小平後腳就到。一九七九年一月，美國與中國的建交酒會就選在五月花飯店，包含卡特總統在內的華府一級要員，全都盛大出席，歡迎首次訪美的鄧小平同志，一時之間「小平同志，你好」的問候聲，此起彼落。

手機掃一下

五月花飯店活動短片

蕭萬長的行李曾被丟在這個大廳裡。

國家檔案館《臺灣關係法》原件在這？

華府早年曾遭英軍焚城，聯邦各部會大樓也曾輪流失火，興建一座專門保護國家重要文件的永久性建築有其必要，因此決定把原本賣菜賣肉的華府中心市場拆除改建，這就是一九三五年國家檔案館（National Archives）的誕生緣起。

在美國，政府文件只要一過三十年的保密期限，就可解密公開，人民一旦了解政府以往耍過的招數，舊的那套就沒路用，執政者必須不斷研發新招，來因應知識程度愈來愈高的人民，這正是檔案開放的精神，民主的防腐劑。

國家檔案館可以參觀，但嚴禁拍照，畢竟裡面的「寶物」萬一不見，是會動搖國本的。館內存放了美國立國三大文書：《獨立宣言》（The Declaration of Independence）、《美國憲法》（U.S. Constitution）以及《權利法案》（The Bill of Rights），不僅遊客慕名而來，美國人更引以為

國家檔案館前方的憲法大道，是華府遊行的熱門地點，雄偉的階梯常常是各隊伍表演的舞台。

傲。雖然人潮絡繹不絕，但一進入擺放三大寶典的圓頂大廳，神廟式的光線設計，巨幅的開國元勳壁畫，高大威武的柵欄，眾人彷彿踏上幽晦祭壇，自動肅靜。三大寶典都寫在比 A3 紙還大的古老羊皮紙上，供奉在大理石櫃中，用金框保護著。

《獨立宣言》與《美國憲法》的趣事

我記得電影《國家寶藏》說《獨立宣言》背面含有寶藏密碼，因此首先來瞧瞧《獨立宣言》。

《獨立宣言》原稿字跡模糊，畢竟年代久遠，褪色嚴重，在眾多開國元勳的簽名中，約翰漢考克（John Hancock）的簽名長達13公分，最大最誇張也最華麗，後來所有美國人都仿效他的筆法，無論簽信用卡、簽合約，甚至簽小孩學校回條，都極盡展現個人簽名風格。至於背面到底有無藏寶圖？《獨立宣言》背面模糊的線條，有點像是我們小時候玩的九宮格圖，難怪被影射是紐約華爾街的地圖。

至於放在另一邊的《美國憲法》，字跡較清楚了，它是全世界最古老、也是最簡短的一部憲法，共四大張羊皮紙。這裡看得到國父喬治華盛頓的親筆簽名，既優雅又穩重，G 簽的很像樂譜上的高音譜記號，似乎能感覺他下筆時帶著謹慎的成就感。聽說《美國憲法》內文有錯字，大家最常挑錯的就是賓州的拼法。

國家檔案館還收藏《大憲章》（Magna Carta）原稿。美國開國元勳就是端出了英國一二九七年《大憲章》，跟英國人舉證「你看吧，幾百年前你們自己就這樣寫了」，作為爭取獨立的利器。

IN CONGRESS, JULY 4, 1776.

The unanimous Declaration of the thirteen united States of America,

When in the Course of human events, it becomes necessary for one people to dissolve the political bands which have connected them with another, and to assume among the powers of the earth, the separate and equal station to which the Laws of Nature and of Nature's God entitle them, a decent respect to the opinions of mankind requires that they should declare the causes which impel them to the separation. —— We hold these truths to be self-evident, that all men are created equal, that they are endowed by their Creator with certain unalienable Rights, that among these are Life, Liberty and the pursuit of Happiness. — That to secure these rights, Governments are instituted among Men, deriving their just powers from the consent of the governed, — That whenever any Form of Government becomes destructive of these ends, it is the Right of the People to alter or to abolish it, and to institute new Government, laying its foundation on such principles and organizing its powers in such form, as to them shall seem most likely to effect their Safety and Happiness. Prudence, indeed, will dictate that Governments long established should not be changed for light and transient causes; and accordingly all experience hath shewn, that mankind are more disposed to suffer, while evils are sufferable, than to right themselves by abolishing the forms to which they are accustomed. But when a long train of abuses and usurpations, pursuing invariably the same Object evinces a design to reduce them under absolute Despotism, it is their right, it is their duty, to throw off such Government, and to provide new Guards for their future security. — Such has been the patient sufferance of these Colonies; and such is now the necessity which constrains them to alter their former Systems of Government. The history of the present King of Great Britain is a history of repeated injuries and usurpations, all having in direct object the establishment of an absolute Tyranny over these States. To prove this, let Facts be submitted to a candid world. —— He has refused his Assent to Laws, the most wholesome and necessary for the public good. —— He has forbidden his Governors to pass Laws of immediate and pressing importance, unless suspended in their operation till his Assent should be obtained; and when so suspended, he has utterly neglected to attend to them. —— He has refused to pass other Laws for the accommodation of large districts of people, unless those people would relinquish the right of Representation in the Legislature, a right inestimable to them and formidable to tyrants only. —— He has called together legislative bodies at places unusual, uncomfortable, and distant from the depository of their Public Records, for the sole purpose of fatiguing them into compliance with his measures. —— He has dissolved Representative Houses repeatedly, for opposing with manly firmness his invasions on the rights of the people. —— He has refused for a long time, after such dissolutions, to cause others to be elected; whereby the Legislative powers, incapable of Annihilation, have returned to the People at large for their exercise; the State remaining in the mean time exposed to all the dangers of invasion from without, and convulsions within. —— He has endeavoured to prevent the population of these States; for that purpose obstructing the Laws for Naturalization of Foreigners; refusing to pass others to encourage their migrations hither, and raising the conditions of new Appropriations of Lands. —— He has obstructed the Administration of Justice, by refusing his Assent to Laws for establishing Judiciary powers. —— He has made Judges dependent on his Will alone, for the tenure of their offices, and the amount and payment of their salaries. —— He has erected a multitude of New Offices, and sent hither swarms of Officers to harrass our people, and eat out their substance. —— He has kept among us, in times of peace, Standing Armies without the Consent of our legislatures. —— He has affected to render the Military independent of and superior to the Civil power. —— He has combined with others to subject us to a jurisdiction foreign to our constitution, and unacknowledged by our laws; giving his Assent to their Acts of pretended Legislation: — For Quartering large bodies of armed troops among us: — For protecting them, by a mock Trial, from punishment for any Murders which they should commit on the Inhabitants of these States: — For cutting off our Trade with all parts of the world: — For imposing Taxes on us without our Consent: — For depriving us in many cases, of the benefits of Trial by Jury: — For transporting us beyond Seas to be tried for pretended offences — For abolishing the free System of English Laws in a neighbouring Province, establishing therein an Arbitrary government, and enlarging its Boundaries so as to render it at once an example and fit instrument for introducing the same absolute rule into these Colonies: — For taking away our Charters, abolishing our most valuable Laws, and altering fundamentally the Forms of our Governments: — For suspending our own Legislatures, and declaring themselves invested with power to legislate for us in all cases whatsoever. — He has abdicated Government here, by declaring us out of his Protection and waging War against us. —— He has plundered our seas, ravaged our Coasts, burnt our towns, and destroyed the lives of our people. —— He is at this time transporting large Armies of foreign Mercenaries to compleat the works of death, desolation and tyranny, already begun with circumstances of Cruelty & perfidy scarcely paralleled in the most barbarous ages, and totally unworthy the Head of a civilized nation. —— He has constrained our fellow Citizens taken Captive on the high Seas to bear Arms against their Country, to become the executioners of their friends and Brethren, or to fall themselves by their Hands. —— He has excited domestic insurrections amongst us, and has endeavoured to bring on the inhabitants of our frontiers, the merciless Indian Savages, whose known rule of warfare, is an undistinguished destruction of all ages, sexes and conditions. In every stage of these Oppressions We have Petitioned for Redress in the most humble terms: Our repeated Petitions have been answered only by repeated injury. A Prince, whose character is thus marked by every act which may define a Tyrant, is unfit to be the ruler of a free people. Nor have We been wanting in attentions to our Brittish brethren. We have warned them from time to time of attempts by their legislature to extend an unwarrantable jurisdiction over us. We have reminded them of the circumstances of our emigration and settlement here. We have appealed to their native justice and magnanimity, and we have conjured them by the ties of our common kindred to disavow these usurpations, which, would inevitably interrupt our connections and correspondence. They too have been deaf to the voice of justice and of consanguinity. We must, therefore, acquiesce in the necessity, which denounces our Separation, and hold them, as we hold the rest of mankind, Enemies in War, in Peace Friends. ——

We, therefore, the Representatives of the united States of America, in General Congress, Assembled, appealing to the Supreme Judge of the world for the rectitude of our intentions, do, in the Name, and by Authority of the good People of these Colonies, solemnly publish and declare, That these United Colonies are, and of Right ought to be Free and Independent States; that they are Absolved from all Allegiance to the British Crown, and that all political connection between them and the State of Great Britain, is and ought to be totally dissolved; and that as Free and Independent States, they have full Power to levy War, conclude Peace, contract Alliances, establish Commerce, and to do all other Acts and Things which Independent States may of right do. —— And for the support of this Declaration, with a firm reliance on the protection of divine Providence, we mutually pledge to each other our Lives, our Fortunes and our sacred Honor.

John Hancock

Button Gwinnett
Lyman Hall
Geo Walton.

Wm Hooper
Joseph Hewes,
John Penn

Edward Rutledge 1.

Thos Heyward Junr.
Thomas Lynch Junr.
Arthur Middleton

Samuel Chase
Wm. Paca
Thos. Stone
Charles Carroll of Carrollton

George Wythe
Richard Henry Lee
Th Jefferson
Benja Harrison
Thos Nelson jr.
Francis Lightfoot Lee
Carter Braxton

Robt Morris
Benjamin Rush
Benja. Franklin
John Morton
Geo Clymer
Jas. Smith
Geo. Taylor
James Wilson
Geo. Ross
Caesar Rodney
Geo Read
Thos M:Kean

Wm Floyd
Phil. Livingston
Frans. Lewis
Lewis Morris

Richd. Stockton
Jno Witherspoon
Fras. Hopkinson
John Hart
Abra Clark

Josiah Bartlett
Wm. Whipple
Saml Adams
John Adams
Robt Treat Paine
Elbridge Gerry
Step. Hopkins
William Ellery
Roger Sherman
Saml Huntington
Wm. Williams
Oliver Wolcott
Matthew Thornton

一七七六年的《獨立宣言》，下方可看到 John Hancock 華麗簽名（最大的簽名）。

除了上述珍貴的史籍，國家檔案館也保存國會法案、總統文告、行政命令、聯邦法規等文件，這讓我想到一九七九年美國國會通過、卡特總統簽署、屬於美國國內法的《臺灣關係法》（Taiwan Relations Act），原稿會存留在這嗎？我上網一查，《臺灣關係法》在國家檔案館有一專屬編號，屬於行政命令一二一四三號（Executive Order 12143），不過並沒列出館藏地點。至於最近才通過的《台灣旅行法》（Taiwan Travel Act），應該在國家檔案館也有一個專屬號碼吧！

其實許多跟台灣有關的珍貴史料、地圖、照片、影音等，都默默存在國家檔案館，除了華府總館之外，全美還有很多分館。近年來，旅美台灣人，蕭新晟、林育正、莊士杰發起尋找台灣的「國家寶藏計畫」，他們號召志工，定期到馬里蘭州的國家檔案館，利用智慧型手機，翻拍散落如浩瀚星河的台灣史料，找回遺留在海外的島嶼故事。

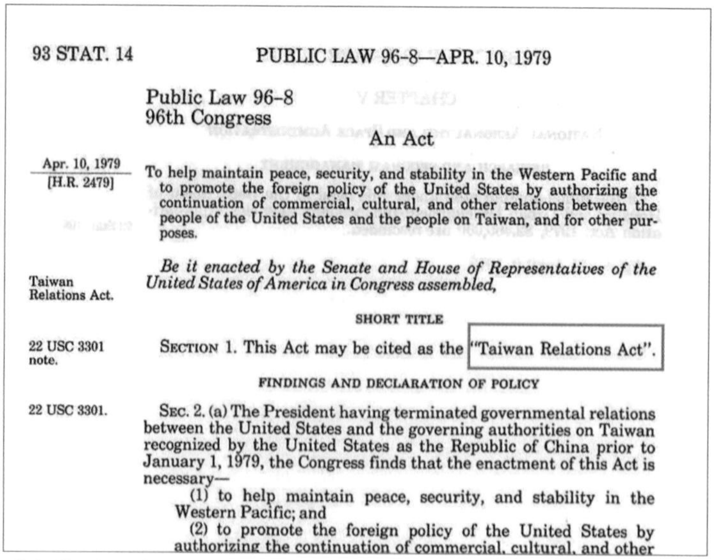

93 STAT. 14 PUBLIC LAW 96-8—APR. 10, 1979

Public Law 96-8
96th Congress

An Act

Apr. 10, 1979
[H.R. 2479]

To help maintain peace, security, and stability in the Western Pacific and to promote the foreign policy of the United States by authorizing the continuation of commercial, cultural, and other relations between the people of the United States and the people on Taiwan, and for other purposes.

Taiwan Relations Act.

Be it enacted by the Senate and House of Representatives of the United States of America in Congress assembled,

SHORT TITLE

22 USC 3301 note.

SECTION 1. This Act may be cited as the "Taiwan Relations Act".

FINDINGS AND DECLARATION OF POLICY

22 USC 3301.

SEC. 2. (a) The President having terminated governmental relations between the United States and the governing authorities on Taiwan recognized by the United States as the Republic of China prior to January 1, 1979, the Congress finds that the enactment of this Act is necessary—

(1) to help maintain peace, security, and stability in the Western Pacific; and

(2) to promote the foreign policy of the United States by authorizing the continuation of commercial, cultural, and other

《臺灣關係法》第一頁刊頭。

小孩與憲法共眠活動

國家檔案館有一項活動我非常，非常欣賞，二〇一四年起他們讓小朋友與憲法共眠。孩子們帶著睡袋先向穿著古裝的工作人員報到，在館內進行一連串歷史穿越劇活動之後，晚上則在《獨立宣言》、《美國憲法》和《權利法案》的大廳睡上一覺，第二天早上吃完鬆餅早餐，再回家，這實在太酷了，對不對！台灣國史館也能開放夜宿嗎？

另外，華府有這麼多的博物館與觀光景點，我個人覺得最值得逛的紀念品店就在這。這裡每一項小東西不僅符合美國特色，且禮品材質是你在其他店不易看到的，從石刻杯墊到仿古紙捲，我都愛不釋手。最特別的是，你可以訂購美國總統「堅毅桌」紀念品，桌面寬達兩公尺，採桃花心木、純手工雕刻而成，貼有尊榮的客製化黃銅牌匾，價格當然不便宜呃，中樂透的人可以考慮。

手機
掃一下

強力推薦國家檔案館小孩與憲法共眠，真的只有美式思考才會發想出來的活動。

正門。一般美國人來這，會試著調出祖先的兵籍、地籍等資料，畢竟來這研究家譜還是比憲法趣味多了。

特輯

雙橡園

媲美白宮占地面積的台灣光點

我第一次知道華府，以及華府有個雙橡園（Twin Oaks），應該是拜小學時宋岡陵主演、王芷蕾主唱的連續劇《一千個春天》所賜。劇中描寫陳香梅與陳納德的愛情故事，台視還遠赴華府取景，雙橡園也入鏡。

第二次遇到華府，是在我高中時期，家中有本魏惟儀女士寫的《歸去來》，書封正是雙橡園的素描，她與夫婿沈劍虹大使一九七〇年代在雙橡園的生活，令人嚮往。很久以後我才知道，魏惟儀是導演張艾嘉的姑婆。很多人誤以為雙橡園是大使館，事實上雙橡園是大使官邸，大使睏眠的所在。

沒想到人生幾番輪轉，中年當媽之後，我居然有機會來到華府！這次，真的踏入雙橡園，數度進出童年時以為高不可攀、如夢似幻的地方。

入園序曲

碧翠的草坪，蓊鬱的森林，白色的廣廈，雙橡園代表台灣，接待過無數美方政要與各界名人。雙橡園占地兩萬多坪（十八英畝），與美國總統住所白宮面積不相上下，四周有鑄鐵欄杆圍起，只有在冬季葉片落盡時，路上行人才能從柵欄外，稍稍窺見雙橡園局部樣貌，其他時節，園區都被濃密樹冠層層護蓋著，是可愛溫馴的野鹿族、夜晚發光的螢火蟲、腹部橘紅的知更鳥（Robin）的絕佳棲息地。園內除了主屋之外，尚有兩間獨立小屋，作為花匠與公務之用。

主屋前方森林。

常見野鹿在雙橡園內外梭巡。

入口處，有一小塊黑色框金的低調門牌，上頭娟秀的中英文字寫著雙橡園。鐵門匡噹匡噹開啟後，寬闊的車道，蜿蜒爬升，如果步行，恐怕需時數分鐘。在車道上，你會先看到斜坡上的白色國旗旗竿（它曾造成二〇一五升旗新聞風波）。過了彎道後，小丘頂的主屋輪廓，逐漸浮現，屋後有兩棵橡樹，是雙橡園命名由來，白牆、紅囪、綠窗，以及有著精緻蕨類造型裝飾的山牆，依序映入眼簾。車子在主屋門口停下，左側有一大型花圃，右側則是兩面巨大的台美國旗並列，這就是雙橡園入園的序曲樂章。

二〇一七年雙橡園主屋正門，放置了一艘蘭嶼達悟族的拼板舟。早年此地是印第安人活動場域，而台灣更是南島語系的發源地，兩者呼應，台美共鳴。高碩泰大使還引進台灣藝術家洪易的繽紛雕塑作品。

與美國歷史、文學、總統的關係

雙橡園的地籍資料，最早可追溯到與美國國父華盛頓私交甚篤、人稱單腳將軍的尤萊亞佛瑞特（Uriah Forrest）。佛瑞特是開國功臣之一，與傑佛遜、亞當斯、富蘭克林、漢密爾頓等人密切來往。這位將軍打完獨立戰爭，卸甲歸田，購買了大片土地做起菸草生意，而雙橡園就是當年他吆喝黑奴種植菸草的土地。

佛瑞特將軍後來把土地轉賣給姻親，飛利浦巴頓基（Philip Barton Key），此人是美國國歌作詞者的親叔叔，也是美國文學名著《大亨小傳》（The Great Gatsby）作者費滋傑羅（F. Scott Fitzgerald）相隔四代的先祖，所以雙橡園的土地，可是直通美國歷史及美國文學呢。

一八六一年俗稱南北戰爭的美國內戰爆發後，由於戰爭需求，移居華府的人數顯著增加。戰後，華府的新都心逐漸往地勢高的西北區擴張。伍德利與克里夫蘭公園（Woodley Park & Cleveland Park）的寧靜田園，因有岩溪（Rock Creek）流過，具有天然消暑的條件，因此百年前就有四位美國總統（范布倫、泰勒、布坎南、克里夫蘭）在這一帶蓋了避暑別莊，用寬寬的門廊，深深的屋簷阻絕城裡的熱氣，造就了西北區相對新穎高級的發展。如今，岩溪沿岸發展成一個比紐約中央公園更原野的首都公園。

而台灣的雙橡園，就位在伍德利公園與克里夫蘭公園中間的黃金精華地段上。

尤萊亞佛瑞特

飛利浦巴頓基

費滋傑羅

首任屋主是電話發明家貝爾的岳父

一八八八年，財力雄厚的國家地理學會創辦人赫伯德（Gardiner Hubbard），在西北區買地自建的夏季別墅正式完工，建材一律使用高級的橡木或櫻桃木，由於主屋有兩株橡樹，故取名雙橡園，是華府現今唯一一棟保留新英格蘭木造架構及喬治亞復興風格（Georgian Revival）的古蹟建築。

主屋樓高三層，使用面積約四百坪，共二十六個房間，另有地下室與閣樓。當時美國建國剛滿百年，工業時代來臨，建築風格脫離了英國殖民色彩，最明顯的就是雙橡園木作窗框已採用機器裁切而非人工，裝飾上力求穩定平衡，表達簡潔。

雙橡園落成後，不僅供赫伯德自家人夏日避暑使用，也常常招待國家地理學會的成員們。國家地理學會旗下的《國家地理雜誌》，是全世界一流雜誌，撰稿者都是大開大闔、勇闖天涯的探

赫伯德與夫人攝於雙橡園主屋。

百餘年前雙橡園招待過許多國家地理學會成員。

百餘年後同一視角取景。

險家，不是那種躲在房內推敲文字的多愁善感之人。當年馬克吐溫常跟赫伯德通信，也許雙橡園的信箱曾裝過好幾封大文豪的親筆信哩。

赫伯德有個女兒叫美寶（Mable），五歲因一場猩紅熱導致全聾，赫伯德投入相當心力幫助女兒克服聽障，聘請當時專教聾人說話的貝爾（Alexander Bell）當美寶的私人老師。失聰的美寶非常認真學習唇語，讓大她十歲的貝爾頗為感動，兩人日久生情。

起初這段師生戀，雙方家長都不同意，男方家長怕美寶的聽障會遺傳子孫，而女方母親則認為貝爾只是個窮教授，好在赫伯德一直對貝爾相挺。據說貝爾發明電話的背後有著深情意義，他自己的媽媽是聾人，他因想聽到母親與美寶說話的聲音，因而在一八七六年發明了電話。之後，與美寶有情人終成眷屬。

一八九七年赫伯德過世，雙橡園由美寶的妹妹與妹夫繼承，而妹夫正好是貝爾的堂弟。

1885 年貝爾與妻女。

而美寶與貝爾則繼承了國家地理學會與雜誌，以及雙橡園隔壁未開發的土地。雙橡園進入第二代屋主後，從一些老照片可看出當年華府菁英家庭的上流生活情調，例如舉辦花展、園遊會、跳高賽事等，特別是女眷們，各個盛裝，活躍社交之餘，也頗講究國際拓展，營造異國風情。

台灣風雲起

一九三七年，雙橡園第三代屋主——赫伯德的外孫女，也就是美寶與貝爾的姪女——她將雙橡園租給中華民國駐美大使王正廷作為官邸。那年中

1925 年台灣日治時期，雙橡園請來了日本女性展示和服，當場示範最正宗的「大和撫子」。這一年基隆的煤礦大亨顏國年與三井物產株式會社的人，正好也到華府考察兼旅遊。

雙橡園也曾出現中式服裝。

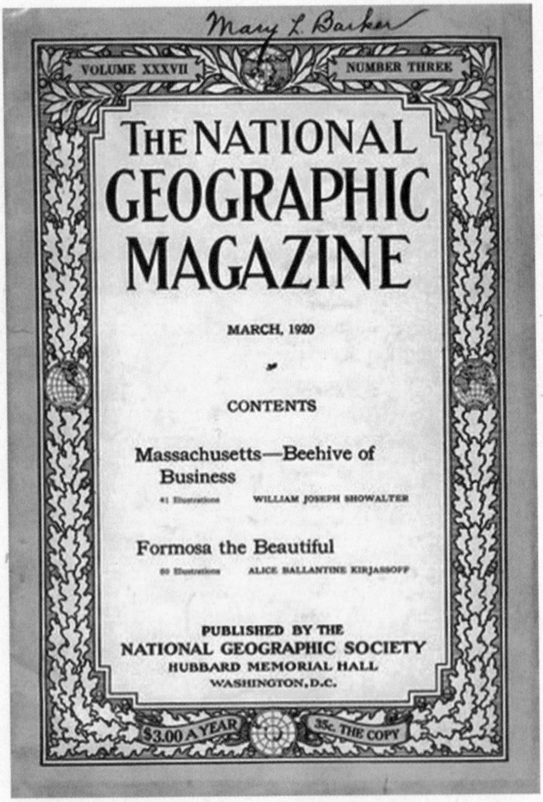
Mary L. Barker

VOLUME XXXVII NUMBER THREE

THE NATIONAL GEOGRAPHIC MAGAZINE

MARCH, 1920

CONTENTS

Massachusetts—Beehive of Business
41 Illustrations WILLIAM JOSEPH SHOWALTER

Formosa the Beautiful
60 Illustrations ALICE BALLANTINE KIRJASSOFF

PUBLISHED BY THE
NATIONAL GEOGRAPHIC SOCIETY
HUBBARD MEMORIAL HALL
WASHINGTON, D.C.

$3.00 A YEAR 35c. THE COPY

《國家地理雜誌》創刊 30 多年後，1920 年首次報導台灣。作者是美國駐台領事夫人愛麗絲柯潔索夫（Alice Kirjassoff），她的稿件〈福爾摩沙之美〉（Formosa the Beautiful）寄到華府之後，由國家地理學會排版印刷，用了 46 頁篇幅詳細介紹日治時期的台灣。

日爆發了七七蘆溝橋事變，消息傳到美國後，中國與日本的駐美大使，王正廷與齊藤博（Hirosi Saito），也都在華府為各自代表的政府向美國進行遊說。聖誕節前夕，這兩位大使各自整裝，前往白宮參加外交晚宴，他們在小羅斯福總統面前，針對七七蘆溝橋事變進行溝通。當時台灣屬於日本領土，無論《臺灣民報》或《臺灣日日新報》應該都登過這則消息。

01 王正廷大使，攝於雙橡園。
02 齊藤博大使。

接著，胡適住進了雙橡園，直到一九四一年珍珠港事變前，他才搬離這個朝夕相處五年的駐美大使官邸。對日抗戰物資艱困，一度讓胡適覺得住在大房子深感罪惡，想要退租。胡適兩歲時曾隨著在台任官的父親胡鐵花住過台南與台東，直到四歲甲午戰敗才離台。他大概萬萬沒想到，兩歲時去過的那個熱帶島嶼，居然六十六歲後再次 check in，並在那裏擔任中央研究院院長，最後埋骨台北南港。

二戰結束後，駐美大使顧維鈞出面以三十五萬美金正式買下雙橡園，我國政府從此成為雙橡園第四任屋主。一九四九年國府遷台，整個台美邦交時期，雙橡園的角色更是重中之重，許多關於台灣的事物、對話、決策、條約，都在雙橡園內辦理完成。若沒有雙橡園，以一種沙龍形式存在，讓許多前置作業有

1939 年胡適（左一）在雙橡園，幫使館祕書舉行證婚。

一個安穩孵化的搖籃，以下大事未必能順暢進行：

杜魯門總統派出第七艦隊協防台灣阻擋共軍、

艾森豪總統旋風式訪台、

詹森副總統在台北中山堂演講、

尼克森副總統住過光點台北還不忘推銷百事可樂、

還有參加老蔣總統喪禮卻在圓山飯店滑一跤的洛克菲勒副總統……

大使夫人的王牌春捲、不速之客、高跟趾功

到底生活在雙橡園內是怎樣的情景？雖然多數人無法像蔣夫人住過雙橡園，也沒有機會像蔣經國在雙橡園開會吃飯，但透過前駐美大使夫人魏惟儀《歸去來》的文字紀錄，可發揮高度想像力：雙橡園常常舉辦筵席。地下室酒窖備有陳釀，銀器、碗碟、酒杯一律抹雪亮，每間房都灑過香水。維持交通的、招呼迎賓的、管衣帽的、負責花藝的、調酒的、端盤子的、攝影的、廚房打雜的，所有人員動了起來。

每年固定有三大宴，一是國慶日，二是軍人節，三是暑期宴請從各地前來國會大廈參眾兩院實習的學生。大宴人數均在三千人以上，採戶外式，春捲、包子、肉餃等需準備一、兩萬顆以上，預估每位賓客可享用四個，春捲最受美國人歡迎。哈佛大學、普林斯頓大學等校友會，還有許多慈善機構，均曾借雙橡園場地舉辦活動。

賓客一走進雙橡園主屋，玄關左方有個衣帽間，寄放大衣得領號碼牌，頗有管理。右方有架黃銅紋

路的老式暖氣機，懷舊復古。踏上階梯，櫻桃木的色澤，讓空間大器溫潤，兩座水晶吊燈迎賓，那光線氣氛，真是美。管家托著飯前酒上前，任選一杯，小口啜飲。

眾人進入一旁的大、小藍廳。大藍廳，無論古董、陶瓷、家具、藝品、燈飾、鼎鼐等，無不精緻典雅，家具几櫃多為紫檀木製，牆上畫作出自名家之手。隔壁的小藍廳，椅套、坐墊、地毯、窗簾等均有細緻的花草紋路，連空調出風口也有巧思設計。

等到賓客差不多到齊時，大夥兒往後方的西式大宴會廳移動。大宴會廳，可容納百人以上，氣派的落地窗，視野遼闊，盡收滿園綠意，秋季更是多麗，這是雙橡園最明亮也是最寬敞的廳室。早年外頭種有一整排美麗的紫藤花，串串紫藤，似風鈴搖曳，很是動人，後來藤蔓生長過於粗壯，壓迫到陽台，且招來蟲蟻，大約在一九六五年遭到砍除。

另一頭，備有中式宴客廳，圓桌上方有個當年赫伯德家族留下來的 Tiffany 百年手工圓弧吊燈，因此中式宴客廳也被稱為「第凡內廳」。除了高級紅

畫家梁丹丰贈與雙橡園的素描。

與左圖同一視角的照片。

木的龍紋桌椅之外，這裡收藏的銀器，也閃耀著平凡人家所沒有的珍稀光澤。

有時宴會氣氛太好，客人不散，主人也只好勉力撐著。其實臉笑僵了，手握痛了，嘴說乾了，腳站瘦了。當年也曾有不速之客，混入會場搗亂，來發親共傳單，來偷點心吃的。

在華府當女主人要練好趾功。藏在高跟鞋裡的腳拇趾，常因久站出現瘀血烏黑的顏色，很難消退。好在當年雙橡園室內全部鋪地毯，不適合舉辦大型舞會，不然女主人的玉腿，恐怕更雪上加霜。

官邸的流金歲月

當年雙橡園的宴會結束後，都已深夜，大使與夫人也累癱了，領帶歪了，口紅暈了，上樓準備休息。通往二、三樓的百年櫻桃木樓梯，欄杆的雕飾，歷久彌新，毫無蟲蛀。在一樓樓梯口，有顆能帶來好運的鳳梨柱頭，做工精細，可感受早年赫伯德家族的府邸氣勢，扶著它上樓，頗收療癒「旺來」之功效。

大使夫婦的臥房在二樓。主臥的床，正對著一座義式石砌壁爐（雙橡園每間房都設有壁爐），床後方有兩扇大落地窗，直通外面大陽台，陽台可俯瞰整座森林。第二天一早醒來，管家端著銀盤上來，盤上置著一封信，一打開，是當日行程表。主臥旁邊有間大使書房，書房陽光滿溢，是當年赫伯德家族的早餐房，我猜當年大使夫婦也在這吃早餐。至於大使的孩子們，則住三樓。

主屋由於建造歷史久遠，踩在木頭地板上難免有嘎吱聲響，難免給人靈異事件的聯想，不知跟首位屋主赫伯德一八九七年在主屋內過世是否有關？總之，想要在雙橡園行住坐臥，還得八字配合呢。

大藍廳

小藍廳內有一幅光緒皇帝當年送給慈禧太后的賀壽之禮〈瓊芝仙桃圖〉，訪客必看。

中式宴客廳，也叫第凡內廳。

大宴客廳。原本這裡是赫伯德家族的前門門廊，1970 年某大使把前後門對調，改了方位。

從大宴客廳往門口望去。

大宴客廳。大使講台旁立著國旗，書法、字畫、平台鋼琴、黑白老照以及仿〈清明上河圖〉的屏風，各種晚宴、酒會、文藝活動都在這舉辦。

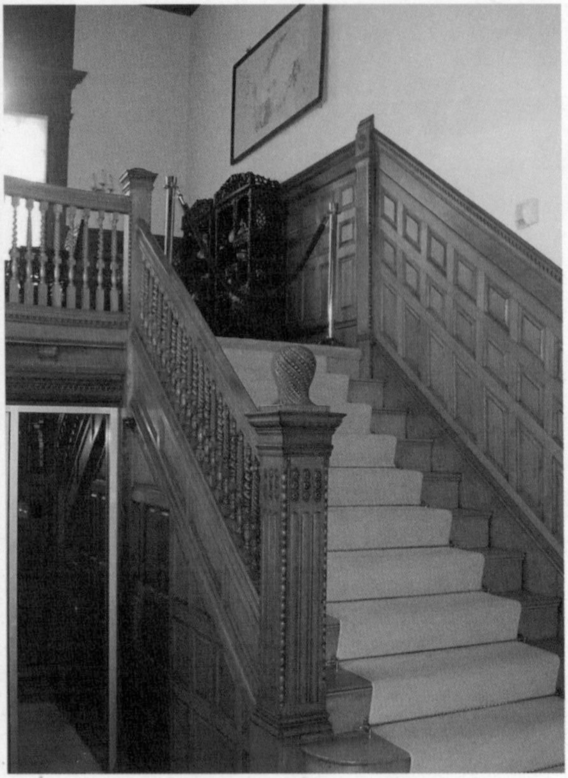

台灣運動明星曾雅妮、盧彥勳等，都摸過這根鳳梨梯柱，好運「旺來」哦！

Mrs. Helene Reynolds
Great-granddaughter of Gardiner Greene Hubbard,
and granddaughter of Charles Bell and Grace Hubbard Bell.
Mrs. Reynolds now resides in Florida.

赫伯德家族的豪門新娘，也是這樣摸著鳳梨梯柱，帶來喜氣。

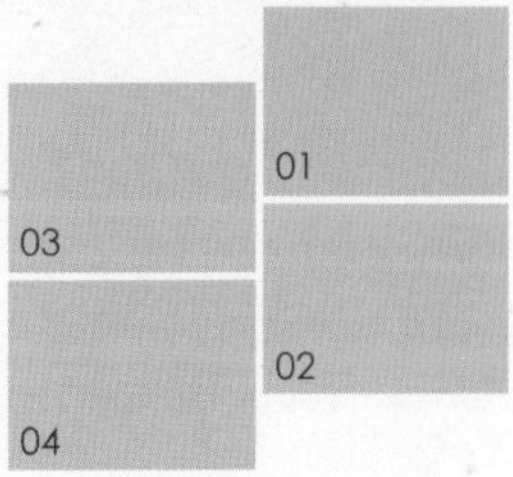

01 在一樓半的地方，擺了一套據説是慈禧太后坐過的紫檀木桌椅。
02 二樓大使夫婦的主臥，蔣夫人也曾睡過。
03 主臥陽台，跟主臥一樣大。
04 大使書房，牆上掛有 1878 年 9 月大清國首任駐美大使陳蘭彬的英文剪報。

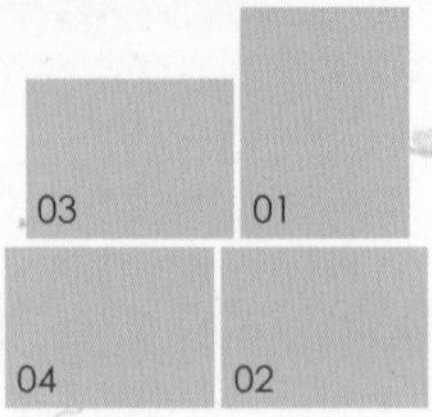

01 大使書房內有一具貝爾用過的古董電話機。

02 三樓，小孩房。

03、04 三樓有間育樂室，可玩橋牌、下西洋棋。還有造型特殊的古董墨水台，古式補衣架，頗有珍奧斯丁時期的維多利亞風格。

週日下午四點的傷心降旗

時序來到一九七八年，這一年的四季，格外分明，令人難忘。

春，蔣經國總統提拔首位台籍副總統謝東閔；夏，三十七歲的施明德與二十九歲的美軍顧問團之女艾琳達（Linda Arrigo）登記結婚；秋，國道中山高速公路正式通車；冬，十二月十六日台北時間半夜兩點多，美國駐台大使安克志（Leonard S. Unger）告知台灣，卡特總統即將從一九七九年起與中國建交，同時與台灣斷交。

當時沈劍虹大使只剩十五天時間處理斷交事宜。由於擔心中國會強佔雙橡園，決定先把雙橡園以象徵性十美元賣給美國民間組織「自由中國之友協會」（Friends of Free China Association），由他們代為保管，日後再買回。

一九七八年十二月三十一日週日下午四點，寒風中，雙橡園舉行最後一次的降旗典禮。我方代表楊西崑，在降旗典禮時引用麥克阿瑟將軍的

showers, windy and colder, highs in the 30s. Yesterday 9 a.m. AQI: 16. Temp. range: 43-37. Details, Page B2.

102nd Year ... No. 27

MONDAY, JANUARY 1, 1979

Subscription Rates See Box A2

15c

China, in Signal To Taiwan, Ends Island Shelling

By Jay Mathews
Washington Post Foreign Service

PEKING, Jan. 1—In a startling signal of a new era in its foreign policy, China last night called an end to its longtime bombardment of Taiwanese-held offshore islands and televised for the first time a favorable film about Taiwan.

The transfer of U.S. recognition from Taiwan to mainland China took effect at one minute past midnight, Washington time. Shortly before that, the government here issued an unprecedented message addressed to "compatriots in Taiwan," announcing the orders to end the shelling and calling for trade, travel and military talks leading to reunification of China with the estranged island province.

The anti-Communist Taiwan government has vehemently rejected overtures from Peking and is not expected to welcome this one. But the message from the standing committee of China's National People's Congress makes a number of proposals that could lead to negotiations between the two sides in the distant future.

"Our state leaders have firmly declared that they will respect the status quo on Taiwan and the opinions of people in all walks of life there and adopt reasonable policies and measures in settling the question of reunification so as not to cause the people of Taiwan any losses," the statement said.

The statement, like other recent signs of Peking conciliation toward its bitter foes on Taiwan, also appears designed to ease American fears that the U.S. diplomatic and military pullout from Taiwan might leave the island open to armed invasion.

In an exchange of warmly worded New Year's messages, President Carter and Chinese Premier Hua Kuo-feng hailed the establishment of relations.

In his message, Carter said: "Today, after a generation of isolation from each other, the United States of America and the People's Republic of China establish full diplomatic relations between our governments.

"The cause of world peace will be served by this historic act of reconciliation. The estrangement of our peoples has sometimes produced misunderstanding, confrontation and enmity. That era is behind us."

Hua called normalization "an historic event in our bilateral relations which not only accords with the fundamental interests of the Chinese and American peoples, but will exert a favorable influence on the international situation."

Chinese television foreshadowed today's events by screening a half-hour travelogue last night on the scenic beauties of Taiwan that made no reference to politics. It was followed by the first official U.S. film ever shown on Chinese television, a series of short documentaries on American life prepared by the U.S. International Communication Agency.

The Taiwan travelogue, which included a few scenes

U.S., Others Urge Citizens To Leave Iran

By Thomas W. Lippman and William Branigin
Washington Post Foreign Service

TEHRAN, Dec. 31—With Iran's supplies of fuel dwindling, public administration crumbling and violence raging in several cities, the United States and most European countries today advised their citizens whose presence is not essential to leave the country.

The warning came as reports reached Tehran of intensive violence in the holy city of Mashhad, in the northeast, that may have left several hundred persons dead or wounded.

Reports that could not be confirmed here said "a few hundred" people were killed or wounded in Mashhad when troops opened fire on demonstrators after an angry crowd lynched several alleged agents of SAVAK, the Iranian secret police, and rioters set fire to a civil defense headquarters.

U.S. Ambassador William Sullivan called in representatives of the American business community in Tehran this afternoon to urge them to send out their families "in view of the scarcity of heating [illegible] and gasoline and gas in this winter period and in [illegible] conditions prevailing in the major cities of Iran."

Officially, the suggestion that American dependents leave the country, represents no change in the U.S. policy of support for the shah, but diplomatic sources confirmed that U.S. officials are in contact with the opposition and the American commitment to the shah has clearly been tempered by circumstances.

Canada and all the countries of the European Common Market except France issued similar statements.

[In Ottawa, the Canadian government said it had ordered two military jets to evacuate 300 Canadians from the northern Iranian city of Rasht who were stranded because of no domestic flights to Tehran, Reuter reported.]

The American School in Tehran announced that it would not reopen as scheduled Jan. 6, which officials said made it likely that most of the approximately 15,000 nonmilitary American dependents still here would decide to leave.

But it was not clear how they, some 6,000 Britons and those from the other countries would get out. Commercial flights are already fully booked well in advance, and Tehran airport is expected to be closed in the next day or two by a strike of ground personnel.

The recommendation that families and nonessential workers leave Iran was taken by some observers here as a collective vote of no confidence in the shah's ability to end the bloody riots and strikes that have brought the monarchy to the brink of dissolution.

"We don't expect things to improve any time soon," one high-ranking diplomat said.

《華盛頓郵報》把當年台美斷交時，最後一場降旗典禮放在頭版頭，大幅報導。

那句名言：「我們終將回來」（WE SHALL RETURN），在場人士無不悲憤動容，非常不捨。幾位留學生聽聞斷交當晚，有人會佔領雙橡園，因此身穿大衣，手持木棍，整夜守在雙橡園玄關，陪它度過最後一夜，好在突發狀況並未發生。

賣出買回、整修復宴

原以為台美斷交，雙橡園交由美國民間組織保管應是妥當，沒想到不到一年，自由中國之友協會藉口沒錢繳稅，打算賣掉雙橡園。後來我們以兩百萬美元重新購回，展開雙橡園另一階段的體質調理。

一九八三年錢復大使擔任駐美代表，適逢雷根總統時代，錢復與夫人田玲玲到華府第一要務，就是把荒廢了四年的雙橡園重新整修，裡裡外外，花了非常多心思。隔年雙橡園風華再現，魅力更勝邦交時期，許多華府人聽說雙橡園老店新開，都想攜家帶眷前來瞧瞧，畢竟在華府高級區有著這樣一整片的古蹟莊園，實在太吸引人了。有人甚至開始探聽雙橡園的房價地價，後來美國政府乾脆把它列為古蹟，免於淪為房地產業者的炒作物件。

自錢復以降，歷任駐美代表也都悉心看護著雙橡園。二〇〇〇年台灣首次政黨輪替，雙橡園開始出現「做代誌愛打拚」的口音。二〇一一年，雙橡園首度恢復舉辦國慶酒會，打破過去只能從事文化活動的限制，停辦許久的官方宴會終於恢復常態。二〇一五年，沈呂巡大使駐美期間，雙橡園首度於一九七九年後舉辦元旦升旗典禮，睽違了三十六年的國旗再現，深具意義。

2015 年雙橡園的國慶酒會，許多美國政要也共襄盛舉。

黑森林與生態外交的可能

我因喜歡雙橡園，連帶也對隔壁相鄰的「翠家瓏生態保護區」（Tregaron Conservancy），投以愛屋及烏的感情。

翠家瓏保護區早年屬於電話發明家貝爾夫婦所有，之後賣給了一位美國駐蘇聯大使，因此翠家瓏跟雙橡園一樣充滿外交故事，這兩座莊園僅隔著一道欄杆而已。小羅斯福、杜魯門、艾森豪等美國前任總統，都曾是翠家瓏的座上賓。一九五八年後，翠家瓏屋主先是婚變接著過世，發生了產權問題，以致無人看管，荒廢了近半世紀，直到二〇〇六年當地文史公民團體介入，搶在建商開發前，把此地規劃成生態步道區。

翠家瓏有著令人驚豔的百年石堤、石橋、小溪、野谷，即便盛夏正午，走起來也一派天然舒適。我走過生態步道之後，不禁對於雙橡園幾處陡降的斜坡下，還有大片尚待整理的黑森林，有了新的想望。如果雙橡園的大片森林稍加整理，去除藤蔓枯枝，讓陽光重新照入，或許可像翠家瓏一樣，擁有私房迷人步道。據說雙橡園早年有條薔薇花廊，由義大利花匠搭疊了二十五個花架，每個花架攀著不同種類的薔薇，花開時恍如仙境。薔薇花廊盡頭有一間很大的溫室，專門用來育苗，溫室旁有一個荷花池和一條小溪，溪畔種著水仙花。如今雙橡園因小溪乾涸，或者水源未疏通被枯枝截斷了，已不復見薔薇花廊與荷花水仙的繁花勝景，甚為可惜。

雙橡園本來就與國家地理學會淵源極深，它的地質、考古、植被、水文、鳥獸、生態等，值得研究調查，我還聽過這裡的地質可能蘊藏著全華府最古老的岩石露頭與最巨大的水晶礦石呢！

廣植阿龜櫻吧！

雙橡園內目前植有梅花、吉野櫻等花樹，但你知道華府最常見的行道樹阿龜櫻（Okame Cherry），其實擁有我們台灣基因喔！霓虹花色、鈴鐺造型的阿龜櫻，以台灣山櫻（緋寒櫻）為父本，配上日本富士櫻為母本所培育出的品種，因健美不易染病蟲害的體質，在一九八〇年代後成為大華府地區受歡迎的路樹。

我在華府，對於所有關於台灣的東西特別容易投射情感。美國人用土撥鼠預測春天，我則用阿龜櫻。每年二月底，當我在車內開著暖氣、裹著大衣、手握方向盤時，只要看到路邊開始出現一叢叢「粉紅色的腰帶」時，我就知道，再過一個月，氣溫有機會升到華氏六十度以上。

除了阿龜櫻之外，華府還有許多台灣山櫻的徒子徒孫，就我所知像是第一夫人櫻（Prunus 'First Lady'）和捕夢人櫻（Prunus 'Dream Catcher'）都是箇中代表，而且名字都超優雅，祝福台灣山櫻滿天下。

雙橡園是台灣在華府最好的舞台，廣植阿龜櫻吧！讓這方得來不易的風土，春有嬌花，夏有綠蔭，秋有金黃，冬有霧淞。誠心建議雙橡園多與周遭生態對話，絕對會收到更多華府人的敬重與推崇。在文明國家只要你願意付出，人家是會感謝，並還你公道的。

你不覺得華府阿龜櫻，有我們台灣人伶俐熱情的小確幸特質嗎？

手機掃一下

雙橡園的故事。（須事先向駐美代表處申請。主屋二、三樓平日不開放。）

CHAPTER 4

轉角遇到黨外「喊打」

1975 年拉法葉廣場遊行訴求特赦台灣政治犯

小馬丁路德金恩紀念碑

台灣留學生的啟蒙導師

我二〇一一年到華府，剛好是小馬丁路德金恩紀念碑（Martin Luther King Jr. Memorial）落成的那年，也是美國史上第一位非裔總統歐巴馬主政的年代。

金恩紀念碑有一段狹道，設計概念來自他最著名的演講《我有一個夢》（I Have a Dream）一段話：「我們將從絕望之嶙，劈出希望之石。」走出狹道，他的白色立像矗立在潮汐湖邊，與傑佛遜紀念堂遙遙相望。湖畔的櫻花樹，隨著季節變換成粉、綠、紅三色，永伴著他。

金恩是一介黑人平民，他的雕像代表非裔族群長久奮鬥的歷史，特別的是，由中國雕刻家雷宜鋅（Lei Yixin）操刀設計，有人質疑為何不用黑色？難道還在白人至上？別想太多，雕像若是黑色，晚上打燈也不易辨識，夜間照明這理由還滿能說服我的。

園內刻有金恩博士的名言，猶如人權長城。

華府是非裔大本營

來到大華府地區，無論上街採買或臨櫃洽公，黑人是你生活中一定會照面的族群，華府的非裔人口在全美是榜上有名的。我遇過舉止高雅的黑人，親切搞笑的黑人，也遇過當街猥褻、朝著擋風玻璃亂砸紙杯的粗魯黑人，他們生活在光譜的兩端，引發我的好奇。

一四九二年哥倫布發現新大陸後，歐洲人帶來的天花熱病，導致美洲印第安原住民大量死亡，但殖民者需要勞力，進行開礦、製糖等工作，最早是西班牙人，把腦筋動到非洲，便宜耐操的非洲外勞，就這樣到了中南美洲。

一六〇〇年，英國取代西班牙在美洲的勢力，建立了菸草、蔗糖、棉花業等經濟體系，延續非洲外勞的政策。一六一九年，美國本土出現了史上第一批非洲外勞，二十名黑奴，被抓到維吉尼亞州。此後，美國黑奴這條長河嗚咽了數百年。黑人最怕套著鎖鏈被賣到南方各州，阿拉巴馬、喬治亞、密西西比根本就是人間煉獄，在棉花田工作，熱濕蚊蟲再加上漫天棉絮，再壯的人到那裡，都成了肺病人乾。

一七九〇年美國進行立國後第一次人口普查，全國三百九十萬人，黑奴佔七十萬，平均五點六個人就有一個黑奴。北方各州以工業為主，較不依賴奴隸，南方各州以農業為主，則非常需要奴隸。以華府來說，興建白宮、國會大廈，用的勞力都是黑奴。

一八六五年引爆南北對立的內戰結束，北方獲勝，林肯雖廢除蓄奴制度，但種族問題根深柢固，南方情況尤其嚴重。當時規定，黑人坐公車必須把前座讓給白人，黑人不能使用白人圖書館、白人游泳池、白人洗手間、白人醫院、白人飲水機等，史上著名的「種族隔離政策」（Racial Segregation），就是這樣來的。

金恩博士從公車起家

一九二九年金恩博士誕生在南方喬治亞州的亞特蘭大，因為他的名字跟爸爸一模一樣，人們為了區別，叫他小馬丁路德金恩。十歲時他曾是唱詩班的小男生，二十四歲時，他娶了女高音柯莉塔（Coretta Scott）。

一九五五年二十六歲的他，一拿到神學博士學位，就領導「阿拉巴馬罷車運動」（Alabama Montgomery Bus Boycott），抗議公車前座讓給白人的陋規。之後，金恩博士仿效梭羅「公民不服從」精神，遠赴印度進修，汲取甘地繼承托爾斯泰的「非暴力抗爭理念」，一步步帶領全美黑人進行民權運動（Civil rights movement）。

同一時期，南方的小岩城中央高中（Little Rock Central High School），九名成績優異的黑人高中生，入學時得忍受白人的幹譙與吐痰，最後得出動軍隊護送他們上學。種族隔離的狀況讓很多白人也看不下去，不少白人大學生，決定加入黑人民權運動，一起到餐廳櫃台靜坐，抗議餐廳連座位都要隔離的政策，結果被一一抬離。黑人與白人並肩坐在灰狗巴士上，因座位沒有隔離，整輛車甚至被翻倒砸毀，乘客被捕被毆。

陳以德等北美台灣人首度遊行

黑人民權運動發展得風風火火，金恩與其他領袖並不曉得，他們湧起的壯闊黑潮，不僅招來聯邦調查局（FBI）的監聽跟蹤，也影響了一批台灣留學生，啟發了台灣的黨外運動。

那時美國電視已經非常普遍（台灣的台視還沒開播），內有社運，外有越戰，一波波高潮不斷透過電視放送，這讓初到美國的台灣少年郎，大受震撼：

> **美國連公車座位這種事都可以抗爭，那自己生長的台灣又是怎樣？**

對家鄉那些不公不義的記憶，全被喚醒，不再壓抑。一九五六年台大畢業高材生、曾在蔣介石面前演奏小提琴、就讀賓州大學研究所的陳以德，結合林榮勳、盧主義、林錫湖和楊東傑等五位台灣留學生，在美國獨立聖地費城，成立簡稱3F的「台灣人的自由台灣」組織（Formosans' Free Formosa），抗議國民黨獨裁政權並追求台灣自決。

一九六一年，陳以德趁著陳誠副總統到紐約聯合國訪問，發動了北美台灣人第一次上街遊行，雖然參與的人很少，只有七名大人三名小孩，但照片裡推著娃娃車的媽媽，以及兩位穿戴整齊的小朋友舉著「福爾摩沙屬於福爾摩沙人」的牌子，是很讓人動容的畫面。

一九六一年北美台灣人第一次上街遊行。

金恩遇刺留下的迴光

正當愈來愈多的台灣留學生受到黑人民權運動啟發，一九六三年金恩博士再度出招，他在華府發表《我有一個夢》演說，大獲完勝，促使美國國會通過《一九六四年民權法案》正式廢除種族隔離政策，公車上的位子終於黑白共享。金恩也因此榮獲諾貝爾和平獎，實至名歸。

不僅如此，金恩又捲起袖子，乘勝出擊，為爭取黑人投票權，發起「塞爾瑪遊行」，這場警察鎮壓民眾的遊行畫面，透過電視放送到全國，史稱「血腥星期天」，最終又促成《一九六五年投票權法案》通過，黑人終於確保他們可在不被白人騷擾的情況下，正常登記投票。

一九六八年四月四日週四傍晚六點左右，三十九歲的金恩博士在田納西州曼非斯市一間摩鐵的二樓陽台（Lorraine Motel），突然遭到槍擊身亡，留下四十一歲的太太，以及四個分別才十三、十一、七、五歲的孩子。關於金恩遇刺的幕後真

一九六五年「塞爾瑪遊行」遭到警方鎮暴、右下圖是金恩博士全家參與遊行時的照片。

兇眾說紛紜，有人懷疑是政府派人暗殺，有人懷疑跟女人有關，因為女人一直是他的阿基里斯腱。

金恩遇刺消息一傳出，所有人的神經都繃到幾乎斷絃，全美上百座城市出現暴動，華府是暴動最嚴重的城市之一，深夜傳出店家遭劫，窗戶被砸，暴力蔓延，宵禁開始。暴動距離白宮不遠，政府立即派出鎮暴部隊，在四天內弭平暴動，共十二人死亡、六千多人被捕、上千棟建築被毀。

金恩遇刺徹底翻轉了華府的房地產市場，白人紛紛搬離市區受創地區，選擇住到郊區，郊區房價居高不下，至今仍是如此。

金恩博士從二十六歲開始，跑遍了全美黑白兩道，被捕二十次，遭到毆打四次，江湖歷練讓他看起來比實際年齡老成許多，三十九歲離世的他，據說心臟負荷已達六十多歲。

他去世後，被追贈總統自由勳章、國會金質獎章、美國平民最高榮譽。每年一月第三個星期一訂為金恩紀念日，至今只有他、華盛頓、林肯三人，享有此種聯邦法定假日的殊榮。

即便美國已出現非裔總統，如今種族問題還是敏感的。要深深感謝非裔族群，要不是他們早先頂過那些風霜，撐起人權空間，後來的亞裔或華裔移民，勢必更加辛苦。

手機
掃一下

小馬丁路德金恩
紀念碑報導

國家廣場

《我有一個夢》感動了鄭自才

全華府最寬敞氣派的人行道，就在國家廣場（National Mall），國家廣場也被稱為「美國前院」，從國會大廈、華盛頓紀念碑一直延伸到林肯紀念堂，著名的博物館、紀念館矗立兩旁，你如果貪心想要一天走完，保證鐵腿，許多人還不知道它可是美國國家公園之一呢。

國家廣場常用來舉辦國家活動。一月如果適逢總統就職典禮，不畏寒的人會聚集在此爭相目睹；三月有風箏節；四月有地球日集會；五月有陣亡將士紀念日音樂會；七月史密森尼民俗節（Smithsonian Folklife Festival），是最有看頭的活動；九月有勞動節音樂會。由於國家廣場使用頻繁，對草坪造成很大傷害，有些活動現都移師他處舉辦，好讓廣場有喘息機會。

如果說美國憲法保障言論自由，那麼國家廣場保障的就是空間自由了。你要散步、發呆、放空、慢跑、抗議都可以，唯一不保障的就是廣告自由，這裡看不到一丁點的商業廣告。

從溝渠到廣場

華府剛建都的時候，有條台伯溪（Tiber Creek）流經國會大廈附近，由於灘淺常淤塞，衛生不佳。南北戰爭後，基於公衛考量把小溪覆蓋變成下水道。原本台伯溪旁有市場（今國家檔案館）、火車站（今國家畫廊）、軍械庫（今航太博物館）、軍醫圖書館（今赫希洪美術館）、史密森尼博物館等，小溪埋入地下，久而久之，不見天日，取而代之的是填土鋪平的國家廣場。

一九〇二年，華府人決心整頓首都市容，展開「麥克米蘭計畫」（McMillan Plan），打造氣勢恢宏的筆直大道，廣植四排美國榆樹，容納更多聯邦機關、博物館等具有國家意義的地景建築，國家廣場的樣貌逐漸成型。

史上最偉大的集會演講

一九六三年，三十四歲的金恩博士已是四個孩子的爹，發起美國史上最大的政治集會「為工作與自由而走的華盛頓大遊行」（March on Washington for Jobs and Freedom）。這項為下一代營造更美好生活的遊行，就在國家廣場舉行，吸引了二十五萬的黑人、白人、黃人參與。

當天是禮拜三，一早華府湧進成千上萬的外地人，多半是跨州而來，帶著午餐籃、水壺、聖經。有人搭了八個小時的巴士，有人花了二十小時才到這裡，大家都擔心會發生暴力，卻也都義無反顧趕來。許多第一次來到華府的南方黑人，當白人不小心踩到他的腳向他道歉時，他們都感到相當訝異，原來友善的白人也是很多的。

金恩博士在林肯紀念堂的台階，面對國家廣場上滿滿的人群，發表了十七分鐘的動人演說《我有一個夢》。他懇切要求政府兌現一百年前林肯允諾的理念，落實黑人民權，他的音調真摯，聲腔鏗鏘，詞語易懂，從第十二分鐘開始不斷重複「我有一個夢」這五個字，堪稱二十世紀最偉大的演講。最難能可貴的是，這場遊行，從頭到尾都沒有發生暴力事件。

一九六三年，三十四歲的黑人民權領袖金恩博士，站在林肯紀念堂的階梯上，面向二十五萬參與遊行的各色人種，發表經典演說《我有一個夢》（I Have a Dream），懇切要求政府落實一百年前林肯允諾的解放黑奴理念。金恩博士站立的地方，現成為遊客必拍景點。

鄭自才的不悔路

當天，來自台灣、在卡內基美隆大學攻讀都市設計碩士的鄭自才，二十七歲的他特地從匹茲堡搭了六個小時的火車到華府，擠在人群中，親身聆聽了金恩博士《我有一個夢》的演講。鄭自才說，金恩博士響亮有力的聲音令他非常感動，至今他都還清楚記得參與遊行的人很多，I Have a Dream 迴盪耳邊，讓他對台灣也有一個夢。

不過，鄭自才後來並沒有選擇金恩博士的非暴力抗爭理念。他最轟轟烈烈的事蹟就是與妻舅黃文雄，雙雙成為刺客，在紐約廣場飯店刺殺蔣經國未遂，被美國警察逮捕時，被打得頭破血流。

國家廣場，因《我有一個夢》而偉大，有夢很好，但要記得金恩博士說過的：There is no gain without struggle.。

手機掃一下

國家廣場宣傳短片

朝聖者教堂

萬一旗子倒下羅福全救援

之前介紹過杜邦圓環，不僅接納過剃髮留辮的大清國人，也接納各種爭議、對抗、反叛的人與事，地鐵站出口刻著一行惠特曼的詩《敷藥人》（The Wound-Dresser），可見此地能安頓各種思想。這裡的教堂見證過白人如何擁抱黑人，也看過台灣留學生集會遊行的生澀模樣，杜邦圓環，不愧為華府最活潑前衛、最多元勝景的地區。

走過黑人民權的白人教堂

杜邦圓環附近有座門口高掛彩虹旗、標榜LGBTQ多元價值的朝聖者教堂（Church of Pilgrims），教堂對面有間很受歡迎的同志酒吧。朝聖者教堂歷史可追溯至一九〇三年，威爾遜總統偶爾也會來這裡進行禮拜。

到了一九六〇年代，以白人為主的朝聖者教堂，在白人牧師泰勒（Rev. Randy Taylor）帶領下，站上了黑人民權運動的前線。泰勒牧師的父母，曾在中國擔任傳教士，一九二九年他出生在江蘇，後來回到美國在南方長

大。身為白人，他對黑人感到內疚，花了很大的力氣自我對話，決定採取行動。他說服朝聖者教堂的白人信眾，一起上街參與金恩博士的遊行活動，至今你仍可以看到鐘樓上高掛著，「黑人的命也是命」（Black Lives Matter）的旗幟。

除了黑白議題，還有越戰議題，在各種意見沖刷下，牧師如何進化，讓不同想法的教友找到最大公約數，是教牧最具挑戰性的工作。

台灣留學生首度二二八示威

一九六四年，一群深受黑人民權運動啟發的台灣留學生，為了追求家鄉更好的未來，選擇在二月二十八日（台灣時間二十九日）從全美各地齊聚華府，在朝聖者教堂前方的三角地帶，發起福爾摩沙自決的二二八示威遊行活動。

那天，有三十多位留學生以及家眷參加，包括：陳以德、羅福全、毛清芬、郭漢清、蘇金春、陳東璧、鄭自才、周烒明等，其中也有好幾位美籍人士。有的人開了十二小時的車帶著稚齡子女參加，有的坐了好久的火車趕來。前一晚，大家先在華府集合。

一九六四年台灣留學生在華府朝聖者教堂外舉行示威遊行。

那個年代的留學生，大家的生活壓力都不小，得靠打工來維持基本生活費。有的熟背菜單上的法文酒名，否則只能做薪水更低的收碗工，有的幫人粉刷房屋，有的到醫院病床發報紙，有的深入下水道挖爛泥。課餘聚會時，唱台語歌〈咱台灣〉、〈黃昏的故鄉〉抒發想家的心情。不少人喜歡畫畫寫文章，也許就是長年海外生活練就的本事。

出發前，陳以德特別囑咐同樣來自賓州大學、就讀經濟博士班、二十九歲的羅福全，若遊行發生狀況，請高大的羅福全，務必要舉著旗子繼續前進，此話一出，現場氣氛猶如風蕭蕭兮易水寒般的凝重。眾人手持標語，有的帶著面具以防身分曝光，在朝聖者教堂前方這個小小的直角三角形地帶，往復來回地走著。

許多人都是第一次上街頭，緊張生澀，所幸美國警方不會凶狠吆喝，只是背對著他們維持秩序，這種情景，讓台灣學生大開眼見，原來平常美國教授說的，電視上看的民主，是真的存在，遊行並不難。難的是，駐美大使館早有耳聞，派人帶著相機拍照蒐證，點名作記號，準備寫報告回台北。這群年輕靈魂從此被列為「黑名單」，成為戒嚴時期有家歸不得的祭品，超過四分之一世紀之久。

下回，你若經過這裡，記得進去看看朝聖者教堂，高高的天花板垂掛了四葉草圖案的布條，內部舒適的鵝黃色空間，不僅溫暖過黑人，連半世紀前台灣最敏感的二二八遊行也見證過，包容多元，社會正義，在這不是喊假的。

當年留學生遊行的三角形綠地，如今立了一座烏克蘭詩人雕像（Taras Shevchenko Statue）。

手機
掃一下

朝聖者教堂

拉法葉廣場

蔡同榮遇上張艾嘉的外公

每次經過白宮前面的拉法葉廣場（Lafayette Square），每次都看見有人在那抗議。抗議儼然成為國民日常作息，有些人自搭帳棚，順便清掃四周環境，與廣場日出而作日落而息，毫無違和，唯一差別只是人數多寡、大場小場而已。

一年四季，都有觀光客駕著神氣活現的兩輪賽格威（Segway）到此一遊，不過來回巡邏的員警與警車，多少帶給遊客壓力。秋天變色的落葉，飄盪在廣場內的棋盤桌椅上，拉法葉廣場不僅是天然的調色盤，也是時代的溫控室。

一九七〇年代，無論校園還是街頭，常有反越戰遊行。拉法葉廣場雖然不像國家廣場，曾創下六十萬反戰人士埋鍋造飯抗議紀錄，但拉法葉廣場緊鄰白宮，像是政府和人民兩大板塊的交界處，在此釋放能量，有其意義。

紀念美法情誼的拉法葉將軍

拉法葉廣場共有五座大型人物雕像，最中間是騎馬的傑克遜總統，另外四個角落分別是兩位法國將軍，一位波蘭將軍，一位普魯士將軍。之所以命名為拉法葉，正是用來紀念其中一位名為拉法葉的法國將軍（Marquis de Lafayette），很多人搞不清楚到底哪一「仙」才是拉法葉，請認明唯一沒有戴帽、下方有位女性遞劍給他的那一「仙」才是。

拉法葉將軍是美國恩人。他還不到二十歲的時候，來到新大陸，參與美國獨立戰爭，在關鍵性的「約克鎮圍城戰役」，他助喬治華盛頓一臂之力，美法聯手擊敗英軍，導致英軍撤出北美。拉法葉幫助美國建國後，回到出生地法國，為一七八九年法國大革命做出貢獻，因此他也被稱為「兩個世界的英雄」（The Hero of the Two Worlds），對美國和法國同等重要。

拉法葉將軍

拉法葉廣場在北美殖民時期，曾被當作蘋果園、墓園、動物園、奴隸市場、軍營等，總之用途多元。一八〇〇年白宮蓋好之後，這裡搖身一變成為燙金招牌公園，早年華府人喜歡在公園附近購地建屋，擁有最靠近總統的地址，要多閃有多閃。

蔡同榮與魏三爺日語過招

當開打十多年的越戰陷入泥淖，美國人對於到底為何要到遙遠濕熱的越南作戰，深感歹戲拖棚，非常不耐。年輕人透過音樂、大麻、性愛、旅行來追求自我，反對戰爭，創造了嬉皮世代（Hippie），就像電影《阿甘正傳》那樣，是越戰時代最鮮明的印記。

在這一波越戰洗禮下，人在美國的台灣留學生，不少人都讀過李格斯《國民黨統治下的台灣》（Fred Riggs, Formosa under Chinese Nationalist Rule）以及柯喬治《被出賣的台灣》（George Kerr, Formosa Betrayed），那種閱讀帶來的霹靂撞擊，讓他們靈魂位移，震撼到骨子裡去。

一九七〇年，反戰聲浪水漲船高，這一年蔣經國到白宮進行訪問。消息一出，幾乎所有美東的留學生與台灣人，都想把握這個難得機會，在拉法葉廣場發起遊行，讓蔣經國親自體會他們這些年來在美國學到的民主自由。這樣一來，免不了又得與大使館內的國民黨人，展開一場鬥智。

駐美大使館派出人稱魏三爺的魏景蒙（導演張艾嘉的外公），事先到拉法葉廣場周邊勘查。由於魏景蒙帶著相機，又是一副東方人面孔，很快引起台灣學生戒心，上前要求他不要拍照。不料，魏三爺居然烙起日語，佯裝他是日本觀光客，只是路過此地好奇而已，沒事沒事。現場坐鎮的是南加大政治學博士、已在紐約教書的三十五歲蔡同榮，他面對眼前這位六十多歲闊嘴歐吉桑，大概半信半疑，小心警戒著，兩人互拋日語試探對方。

最佳囚犯造型獎

一九七五年老蔣總統過世，北美洲台灣人舉行一連串的「台灣民眾大會」，呼籲特赦政治犯，主張台灣自決。

其中華府遊行的那一場在拉法葉公園舉辦，發揮了高度造型創意，有四個人被鐵鍊與手銬纏繞，其中兩位還是小朋友，脖子上的牌子寫著台灣政治犯的標號，站在拉法葉廣場中央，從他們背後參與的人數來看，是一場成功的遊行。

拉法葉廣場，再次與台灣板塊交會。

手機掃一下

在拉法葉廣場的採訪

伍德隆莊園

模擬黃文雄地下鐵路逃亡祕技

「脫北者」是形容成功逃離北韓的人，但你知道美國在越戰時期，也有「脫美者」的概念嗎？當時不想被送到越南戰場的年輕人，透過早年黑奴走過的「地下鐵路」（Underground Railroad），成功逃到加拿大或外國。更神奇的是，地下鐵路曾載過一名三十四歲的台灣乘客，而且還是一名常春藤名校博士刺客！

據我所知，大華府地區約有八條地下鐵路，其中在馬里蘭州的伍德隆莊園（Woodlawn Manor Cultural Park），已開發為健行觀光路線，每年四月到十月的週六上午，都有免費的導覽活動。要體驗地下鐵路，就一定要了解黑奴的過去。

貴格會建立的救援網絡

地下鐵路建於一八二〇年代，它既不在地下，也不是鐵路，而是由貴格會教徒（Quakers）、黑奴以及其他仗義人士共同建立的逃亡路徑系統，幫助黑奴逃往加拿大。由於蒸汽火車開始流行，人們借用火車的概念，鼓勵黑奴祕密逃往自由之地。

當時反對蓄奴的白人團體，以賓州起家的貴格會最有作為，連美國國父喬治華盛頓都曾抱怨他家的黑奴因得到貴格會的協助，落跑成功。

地下鐵路在貴格會的組織運作下，發展出許多密語，例如逃跑者叫乘客（passenger or cargo）、帶路的人叫嚮導（conductor）、提供食宿的地方叫車站（station or depot），提供金錢的叫股東（stockholder）。地下鐵路沿線有三千名工作人員，分工縝密，提供各種藏匿協助，以及最重要的，希望。一般相信，從一八二〇到一八六五年，約有數萬人透過地下鐵路成功逃跑。

每個「車站」相隔十五到三十公里，大約是台北到桃園的距離，通常站長（通常是貴格會教徒）在傍晚時分，會在自家前院窗台，點上蠟燭或燈籠作為信號。逃跑者摸黑抵達車站時，可以暫時休養幾天，好好睡覺吃飯。之後，車站會幫他們準備鹿肉乾或口糧，用馬車或渡船載他們一程，然後，逃跑者又得靠自己的雙腳與機智，一路躲藏，直到抵達下一站為止。就這樣，站站相連，幫助他們逃往加拿大。

逃亡前先學唱〈跟著葫蘆勺〉

為了體驗黑奴逃跑的路徑，我們一行人，在伍德隆莊園地下鐵路的入口集合。嚮導說，得先認識夜空。由於黑奴都是文盲，

缺乏知識，想辨識方向，得認識俗稱葫蘆勺的北斗七星，然後從葫蘆勺延伸出去，找到指引方向的北極星。

也有人用歌曲傳遞逃跑密碼，最有名的就是〈跟著葫蘆勺〉（Follow the Drinking Gourd），曾指引許多阿拉巴馬與密西西比的黑奴，一路往北逃跑。若是遇到下雨或是沒有星光的夜晚，逃跑者通常會藉由觀察樹幹苔蘚生長的位置，來判斷北方在哪。

冬天的聖誕節是最佳逃跑時機。黑奴大多不會游泳，趁著河水結冰容易通行，且天寒地凍一般人都不想出門，行蹤不易被發現。另一個逃跑時機是大雷雨，雨水會沖掉他們的足跡，獵犬也嗅不出他們的氣味。再不然，利用週六晚上逃也可以，因為隔天不用上工。

逃跑者喜歡荊棘區（brambles），荊棘有刺且毒，獵犬、獵人、馬都不喜歡沾上，在荊棘裡挖地洞，白天可休息睡覺，躲避追緝，而荊棘結的黑莓果，也可填填肚子；接著，遇到三百年樹齡的中空大樹幹，造型特殊的天然地標往往可用來辨識方向，空心樹幹可以躲藏休息，還有人放了蘋果與香蕉讓逃亡者補充體力；過河時，嚮導輕輕唱起當年地下鐵路的流行歌〈Wade in the Water〉，空氣中仍有點淡淡哀傷；經過開闊或剛收割的農地要特別小心，會增加暴露的危險；來到泉水區，終於可以放鬆一下，歇腳喝水，也與接應者在此密會。

最後，我們這群偽黑奴，逃了兩個小時，終於抵達「車站」。車站前方有座建於一八三二年的石造穀倉，屬於貴格會一位醫生所有，真的收留過許多逃跑黑奴呢！

王牌女嚮導與地下鐵路總統

哈莉特塔布曼（Harriet Tubman）是地下鐵路最成功的嚮導，帶領大家到達應許之地，被譽為黑奴界的女摩西。她曾規劃出十九條祕密路線，幫助三百多人成功逃到加拿大，也包含她自己年過七十的雙親。她很有頭腦，非常了解地形，更有決斷力，善於用槍，她曾驕傲地說：「我從未讓地下鐵路出軌，

逃跑黑奴的「車站」，通常是貴格會教徒的家。

逃亡者會躲在穀倉內休養幾天。這座百年穀倉，真的收留過好幾位逃跑黑奴。

也從未遺失任何一位『乘客』。」她成功躲避所有獎金獵人的追捕，她被白人懸賞四萬美金，太多人想抓她都抓不到。

被譽為「地下鐵路總統」的貴格會教友李維柯芬（Levi Coffin），他與妻子建立從北卡羅萊納州到印第安那州的長程逃亡路線，幫助超過兩千名以上的黑奴逃跑成功，在那個年代，逃跑者與助逃者，被抓到都要處以嚴刑，黑人被鞭，白人被關。幸而還是有李維柯芬這種仗義的白人挺身而出，一個國家社會之所以進步，既得利益者的節制與退讓，往往是關鍵因素。

台灣刺客搭上越戰班車

隨著時代改變，黑奴不再使用地下鐵路這套逃亡系統。到了一九六〇年代，許多美國人因反對越戰拒絕入伍，想要逃兵，於是地下鐵路在越戰時期，重新興盛起來，幫忙偽造證件，準備出逃行囊，提供接應名單等，各種後勤補給應運而生。

一九七〇年四月二十四日正午時分，就讀康乃爾大學社會學博士班的黃文雄（下圖左上角），趁著蔣經國進入紐約廣場飯店準備參加午宴之際，持槍射擊，立刻遭到美國警方制止，子彈打偏，飛到旋轉門的玻璃上，蔣經國躲過一劫。美國警察隨即逮捕黃文雄，當時在門口假裝發送傳單的同伴鄭自才，聞訊後入內營救，被警棍敲到頭破血流，這就是戒嚴時期最令人震驚的「刺蔣案」。

當時，黨外人士聽到這個消息，趕緊湊足高額保釋金，先把兩人保釋出來再說。但開槍的黃文雄，暗自決定棄保潛逃，逃離美國，他考量的原因是怕在獄中遭到暗殺。不過他這一逃，大家好意募集的數十萬美金保釋金，就被法院沒收，引發諸多抱怨。

黃文雄留美期間，曾參與反戰活動，認識不少美國社運界的人。他能離開美國，靠的就是友人幫他安排「地下鐵路」。地下鐵路這套系統，從逃跑黑奴、越戰逃兵、到國際人士的祕密救援，至今仍持續運作，兩百年來真是一條神奇之路。

我想黃文雄應該沒有走過伍德隆莊園這段地下鐵路。他已不像早年黑奴那樣，必須裝瘋賣傻，全身汙穢，藉此躲避追捕；也毋需留意旁人說話腔調是否帶有貴格會口音 Thee（你）；更不必擔心遇到印第安原住民該怎麼解釋滿臉風霜，憂慮會被告發；他應該與其他穿著直筒喇叭褲的嬉皮，互相做夥，結伴鬥陣。

他是最後一個解除返台限制的黑名單，也可能是第一個走過地下鐵路的台灣人。

Police seized these two men after shot was fire hiang Ching-kuo Friday in New York City.

2 Arrested Ater Shooting

NEW YORK (AP) — Two men dashed from a small knot of street demonstrators Friday, and one of them fired a single shot at Chiang Ching-kuo, son and heir apparent of Generalissimo Chiang Kai-shek, president of Nationalist China. His aim was deflected by a security man at the last moment, and the gunman missed his mark.

Police subdued the pair on the steps of the Plaza Hotel as Chiang proceeded on to a luncheon inside. The two were injured during their seizure and taken to a hospital. Police inspector William

did any of the other speakers at the luncheon.

Chiang said the importance of Nationalist China's role in the Far East was "not only an obstacle to Communist aggression but also an alternative to Chinese Communism itself and to the Peiping regime's possession of the Chinese mainland."

In Washington, President Nixon was described as "shocked" by the assassination attempt.

Chiang, on a 10-day state visit to the

刺蔣事件的新聞。左為黃文雄，右為鄭自才（台灣獨立建國聯盟提供）

手機
掃一下

地下鐵路王牌女嚮導
哈莉特塔布曼

西半球最深的地鐵

陳唐山達達的馬蹄聲

要跟一個城市建立感情，大眾交通工具是很好的方法。離我家最近的華府地鐵站是紅線上的Shady Grove，我都稱它是華府的淡水站。從我家開車到華府城內，少說也要一小時還得煩惱停車位，因此進城走跳，我通常搭地鐵，外加步履不停。

華府地鐵（Washington Metro）是全美最安全、最乾淨的大眾捷運系統，橫跨華府、馬里蘭州、維吉尼亞州，有紅、藍、綠、黃、橘、銀等線，也是全美第二大繁忙的地鐵，僅次於紐約。地鐵內部的白色格子型天花板，據說設計上可用來降低犯罪率，月台與牆壁刻意分開，預防人為毀損，也使照明更易擴散。

全球第二、三長的手扶梯

華府地鐵規劃之初，世界處於冷戰時期，萬一發生核戰，美國人當然要保護首都，萬全的戰備考量是絕對要的。特別是紅線上的地鐵站，有些挖得不是普通的深，每次搭電扶梯從地底到地面，都有長夜漫漫路迢迢的感覺。

最深的地鐵站是紅線上的 Forest Glen，約地下二十層樓，設有高速電梯可在二十秒直達地面出口。紅線上的 Wheaton 站，則有西半球最長、全世界第二長的手扶梯，僅次於莫斯科地鐵手扶梯；而世界第三長的電扶梯就在橘、藍線上的 Rosslyn 站。建議到華府旅遊的人，可到這三站去體驗看看。

沒有廁所這回事

在美國外出如廁並不方便。基於治安考量，美國人對公廁的設置斤斤計較，華府地鐵不論哪一站，基本上廁所是不開放的，除非徵得站務人員的同意。還是台北捷運好，好友相揪上廁所，打掃阿桑又親切。

在台北，捷運最高單日人次總落在跨年晚會那天，但華府很不同，最高單日人次最常出現在總統就職日，華府真是一個充滿愛國情操的政治都會，而且大家的膀胱都有練過。

台灣同鄉會長出沒

華府地鐵於一九七六年開通，紅線是最早開通的路線，尤其它行經早期華府台灣同鄉會聚集的銀泉市（Silver Spring），華府的台灣人很早就善用紅線。

一九六〇年代大華府地區的台灣人約莫百人左右，其中一半都是學醫，許多人循著約翰霍普金斯醫學院之後進入國家衛生研究院（ＮＩＨ）的鐵飯碗之路，先在馬里蘭州的巴爾的摩求學，畢業之後再轉往南邊車程一小時的華府聯邦政府就業。

到了一九七〇年代，第一批留美的台灣人都已成家立業，生活較有餘裕，開始投注心力在台灣同鄉會事務，以馬州銀泉市倫道夫路（Randolph Road）為聚會中心，大家

利用課餘或業餘時間，舉辦休閒活動，大啖當季藍蟹（blue crab），唱唱台灣民謠，訴訴故鄉情等。

像是四十一歲的陳唐山，取得普渡大學地球物理學博士後，在華府聯邦政府海洋及大氣管理局擔任公職。他走過當時嚴苛的出國規定（例如已婚者不能攜家帶眷只能單身出國，配偶必須在台灣等待兩年才能出國），經歷黑名單、護照吊銷、先是無國籍、後入美國籍、無法返台奔喪等考驗，因此累積想要改變台灣的動能，積極凝聚海外台人力量。

當時陳唐山常常搭著地鐵，出站入站，馬不停蹄串聯台灣同鄉，推動民主改革，一班班呼嘯而過的地鐵，猶如一陣陣達達的馬蹄。他先是擔任華府台灣同鄉會會長，然後是全美台灣同鄉會會長，最後成為世界台灣同鄉會會長。

時至今日，在華府地鐵，偶爾會聽到台灣的親切口音，也許正是某位會長熱心穿梭，交陪搏暖。不過，我還是甲意咱台北捷運，真是台灣的驕傲。

手機掃一下

地鐵購票指引。(我記得第一次推著娃娃車牽著小孩來操作時，多虧站務人員幫忙，有點小複雜。)

國家科學院

李遠哲院士的諾貝爾榮耀

嚴格說起來國家科學院（National Academy of Sciences）並不是華府的觀光景點，我會走進去參觀，全因這棟建築物曾傳出一句至理名言：「美國的化學動態學研究遠遠不及台灣。」什麼！小小的台灣竟然能讓堂堂的國家科學院化學主席、麻省理工王牌教授席薇亞賽兒（Sylvia Ceyer）說出這席話，那我一定要去看看。否則國家科學院緊鄰國務院與聯準會（美國央行），建築太嚴肅，街道太正經，一般遊客都直奔對面的林肯紀念堂，很少人在此逗留。

對科學家來說，除了諾貝爾獎之外，如能獲選美國國家科學院的院士，無論是本籍或外籍，都是一種至高榮譽。美國國家科學院自一八六三年創立以來，共選出近三千名本國院士以及近五百名外籍院士，其中有近兩百名院士得過諾貝爾獎。

林肯的科學丐幫

國家科學院成立於林肯總統在位的內戰時期，因應戰爭需求，許多素人貢獻自己發明的武器。政府於是成立一個評估機構，找了五十位科學家，來自天文學、海軍、參議員、史密森尼學會等，他們戲稱自己為「科學丐幫」（Scientific Lazzaroni），由開國元勳富蘭克林後代擔任主席，審核這些雜牌軍是否可行，這就是國家科學院的源起。

南北戰爭後，美國又經歷一戰、二戰，再次驗證國家科學院對提升國家政策很有幫助，美國人相當推崇林肯設立科學院的遠見，象徵美國政府百餘年來科學治國的理念。

愛因斯坦坐在院前

國家科學院前方植有濃密的榆樹與冬青樹，庭院放了一尊快要融化的巧克力色雕像，仔細一看，原來是愛因斯坦。愛因斯坦左手拿著他著名的光電、相對論、質能等物

早年的科學丐幫與幫主。

理學三大公式，腳下踩著由兩千多個金屬鉚釘組成的天體星圖，一般遊客喜歡在這跟「愛伯」合照打卡。

國家科學院長窗上有埃及人物雕刻飾帶，大理石屋簷下有亞里斯多德的希臘銘文，還有象徵智慧的貓頭鷹與蛇等浮雕藝術，青銅燈柱下，建築散發出東方玉石的溫潤感。

走進大廳，帶有拜占庭色彩的拱頂，華麗的馬賽克拼貼了八大行星符號，許多神祕幾何圖案穿插其中，好像來到埃及神廟。一幅壯麗的壁畫繪有普羅米修斯盜火神話，描述祂如何將知識之火傳遞給人類。地面正中央，放了一座圓形的黃銅雕刻，底座刻有埃及壁畫側身人形，我站在解說牌前看了老半天，才想到可能是「傅科擺」（Foucault pendulum），一種證明地球自轉的科學儀器。

門口的愛因斯坦

大廳

爭氣的台灣科學人

史上第一位獲選國家科學院院士的華人，是一九五八年的吳健雄女士，她的名字雖很男性化，但這位「中國的居禮夫人」，其實長得甜美好看。

那麼史上第一位出身台灣的院士又是誰？一九七九年台美斷交後，四十三歲的李遠哲同年以化學家身分，榮獲美國國家科學院院士，他應該是第一位台灣土生土長的代表。繼新竹出生的李遠哲之後，依姓氏字母順序排列，又有：高雄的陳建仁、鶯歌的陳定信、台北的朱敬一、台中的傅螢惠、彰化的何文程、台北的廖俊智、花蓮的吳茂昆、台南的楊祥發等，這些傑出的台灣科學人，陸續獲頒國家科學院院士殊榮。

李遠哲當年被他的哈佛老師稱為「物理化學界的莫札特」，一九八六年拿下台灣第一座諾貝爾化學獎。一九九四年他放棄美國籍，回台擔任中研院院長，在他的帶領下，中研院的原子與分子科學研究所享譽國際，因此二〇〇六年美國國家科學院召開院士會議時，麥克風才會傳出「美國的化學動態學研究遠遠不及台灣」這句名言吶。

手機掃一下

國家科學院的歷史與貢獻

進行曲之王蘇沙故居

路過台灣人公共事務會 FAPA

有人說，沒聽過蘇沙（John Philip Sousa）的進行曲，等於沒來過華府。

我對蘇沙《永恆的星條旗》（The Stars and Stripes Forever）以及《華盛頓郵報進行曲》（The Washington Post March）並不陌生，他的進行曲隱含了藍領陽剛的勃發朝氣，也有馬戲團旋轉木馬的童年情懷，只是沒想到他是道地正港的華府人，那就一定要找一下他的故居。畢竟，蘇沙對於華府來說，就像貝多芬之於波昂，莫札特之於薩爾斯堡一樣。

海軍船廠的音樂天王

一八五四年蘇沙出生在華府的海軍船廠（Navy Yard），海軍船廠素有「國會大廈圓頂陰影」之稱，可見兩者距離像走灶腳般相近。海軍船廠緊鄰安那考斯迪亞河，岸邊森林茂密，適合伐木造船，早在一七九九年就成為華府歷史最悠久的工業區，也是全美最古老的海軍基地。兩

蘇沙紀念雕像，位於華府海軍陸戰隊樂隊總部，二〇〇五年由他的曾孫所設立。他的名字（Sousa）內含美國縮寫（USA）可見帶著天命。

百年前華府的晨光序曲，都由吹著口哨的船廠工人揭開。

蘇沙的父親是葡萄牙人，在海軍樂隊中演奏長號，母親有德國血統。蘇沙七、八歲開始學小提琴，也玩各種樂器，童年經歷南北戰爭，最愛追著街頭的軍樂隊跑。戰爭結束後，十三歲的他本想加入有「美麗女孩身著亮麗緊身衣」和「水桶中裝滿粉紅色檸檬水」的馬戲團樂隊，父親不贊成，帶他去軍樂隊見習，開啟他日後成為「總統御用樂隊」、美國海軍陸戰隊樂團（The President's Own United States Marine Band）的輝煌生涯。

蘇沙進行曲樂譜

海軍陸戰隊樂團是美國最古老的專業音樂團體，舉凡總統就職、國慶、國葬、國宴、迎賓等隆重儀式，都由樂團主奏。一八八〇年二十六歲的蘇沙開始擔任指揮兼作曲，他校長兼撞鐘，前後服務過五位總統，長達十二年之久，他最大的貢獻是把軍樂交響樂化，名聲遠播歐陸，成為美國本土第一位音樂天王。

海軍船廠陪伴美國走過國力狂飆時期，從鍍金時代、美西戰爭、一戰、爵士時代到二戰為止，二戰後，因武器型態轉向飛彈與航太工業，海軍船廠開始沒落，附近社區治安欠佳，沉寂好一段時間，直到近年才逐漸獲得改善。

華府唯一傳統菜市仔

走訪蘇沙故居，我搭地鐵在東市場站（Eastern Market）下車，創立於一八七三年的東市場，是華府唯一一座現存的傳統菜市場，早年消費主力都靠海軍船廠與國會大廈的家庭，攤商菜販多是南歐第一代移民，背景跟蘇沙相似。我逛了逛當年蘇沙買魚買肉的紅磚菜市場，在希臘裔老攤 Thomas Calomiris & Son's 挑了幾顆白桃，接著往第八街、俗稱軍營街（Barrack Row）的方向走去。

軍營街是條老街，街邊有東歐移民創立的釀酒廠，有寡婦經營的老百貨行，早期這條因海軍社區繁榮一時的住商老街，如今沿途餐廳林立，色彩繽紛宛若加勒比海。

轉角遇到「喊打」

當我從軍營街右轉走到 G 街，手機顯示再一分鐘就到蘇沙誕生地時，在路口，我看到一塊菜圃空地，先是被它後方逃生梯設有一個可愛小拱門吸引，然後看到它的白色大門，一個小小招牌寫著

右為東市場。左為傳承三代的攤商。

小小的中文：台灣人公共事務會（Formosan Association for Public Affairs）。原來，當初仿效以色列人遊說美國國會、制衡國民黨一黨專政、英文簡稱取台語諧音「喊打」的FAPA，就在這裡！

FAPA在一九八三年落腳華府，最早辦公室在五三八號，之後才搬到現址五五二號上。這個由全美三千個台裔家庭共同撐起的組織，是八〇年代美東台灣人從事黨外運動、草根外交的基地。FAPA成立的第二年，羅福全受邀至參議院表達「台灣前途應由台灣人決定」的證詞，這是台灣人首度在美國國會發言列為國會紀錄，促使《台灣前途決議案》通過，成為FAPA遊說美國國會的首場捷報。

在這樣一間平凡的邊間三層樓工作，想像歷任會長蔡同榮、陳唐山、彭明敏、王桂榮等，接電話、打字、回信、擬演講稿、發新聞稿的樣子。FAPA毫無時差的與台灣一同呼吸，不僅營救政治犯，也經常投書《華盛頓郵報》。一樓窗戶都裝有鐵條，可見白晝打拚，夜晚還得留意治安。

三劍客：彭光理、韋傑理、昆布勞

ＦＡＰＡ最神奇的是天外飛來三劍客，一位美國人與兩位荷蘭人，彭光理（Michael Fonte）、韋傑理（Gerrit van der Wees）、昆布勞（Coen Blaauw）。他們三人，穿越了玫瑰念珠與熱蘭遮城，在不同時期拔刀相助，黨外江湖，佐以外籍俠士，值得花點篇幅介紹一下。

彭光理是一位能說典雅台語的紐約客。年輕時的他，曾在彰化羅厝天主堂擔任神職人員，又被派到苗栗的苑裡與竹南，非常接地氣的在台灣生活三年。之後他回到美國，一九七〇年在冷得半死的密西根大學遇到了彭明敏，兩人都姓「彭」，「彭友」相見台語又通，格外親切。一九八〇年代，彭光理與彭明敏再度在華府相遇，命運牽起他與ＦＡＰＡ的緣分，畢竟只有美國人才了解美國官僚體系運作的眉角與撇步，彭光理曾在ＦＡＰＡ扮演過這樣的角色。

韋傑理是荷蘭人，小時候住過印尼，他在美國攻讀航太博士時加入國際特赦組織。一九七五年韋傑理邀請彭明敏到西雅圖華盛頓大學演講，幾度與國民黨過招，他後來與二二八遺族陳美津結婚，從此名列台灣黑名單女婿。高雄爆發美麗島事件時，國民黨一舉逮捕了一百五十多人，一時風聲鶴唳，驚恐再現。人在海外的韋傑理夫婦，高度關注台灣政治犯的人權問題，透過當時施明德妻子艾琳達（Linda Arrigo）的協助，定期發行《台灣公報》（Taiwan Communique），用英文向國際社會直播台灣狀況，長期與ＦＡＰＡ合作。

年輕時金髮碧眼、英挺高大的昆布勞，是阿姆斯特丹帥哥，身為國際法博士的他，大可到律師事務所賺進大把鈔票。一九八九年，他陪著女友到美國度假，陰錯陽差之下跟ＦＡＰＡ接觸，經過一整日暢談，他決定在薪資不高的ＦＡＰＡ工作，幫助台灣走向自由民主之路，從此也「黑」榜題名，並得跟交往十年的女友說分手。如今，昆布勞也是台灣女婿，他的妻子何燕青曾獲選「美國國會大廈年度五十位美麗人物」，他曾開玩笑的說，他的祖先幾百年前在台灣做過壞事，所以派他來贖罪。

01 彭光理與兒子重回他住過的台中教會。
02 韋傑理。
03 昆布勞。

蘇沙誕生地與里拉琴墓

轉角遇到FAPA後，我繼續往前走，不到一分鐘，終於來到進行曲之王蘇沙的出生地。一棟三層樓高的白色老屋，前方有一道精美的迴旋樓梯，用古希臘樂器里拉琴（Lyre，美國軍樂徽章）做裝飾，紅門旁一個牌子寫著：作家、樂團指揮、作曲家蘇沙，在此誕生。我在人行道上徘徊，感覺這屋子被用心維護，路旁的大樹蔭，門前的綠草徑，使得音樂家故居帶有深度感。目前屋內有人居住，聽說現任屋主也是美國海軍陸戰隊樂團的團員，一位小提琴中士。

蘇沙過世後，葬在距離出生地只有一．六公里遠的國會公墓（Congressional Cemetery）。他的白色墓碑上，刻著美麗的桂冠與一行降A大調樂譜，墓前有座氣派的里拉琴石雕椅可供三人就坐，即便我的腳走得痠麻，還是不敢造次隨便坐下。

為了蘇沙，路過FAPA。華府這樣一座不斷進行政治光合的城市，俯拾皆可找到台灣密碼。

手機
掃一下

欣賞蘇沙名曲《永恆的星條旗》，美國國家進行曲。

右為蘇沙出生地。左為蘇沙墓。

新聞博物館

江南案劉宜良留名所在

新聞博物館（Newseum）是華府少數要收門票的博物館，儘管票價不便宜，我仍願意付費參觀，因為第一，館內有幅「新聞自由世界地圖」（Press Freedom Map），台灣是亞洲非常少數新聞自由達到綠燈的國家，值得驕傲，第二，唯一一位在館內留名的台灣記者劉宜良，他的「江南案」，捲起了太平洋兩端的巨浪，成就台灣民主史上深具動能的一章，館方還曾放映電影《被出賣的台灣》（Formosa Betrayed），用來紀念江南案、陳文成案等。

憲法當門神

被譽為全球最酷的新聞博物館，採透明玻璃設計，樓高七層，無論從外看內，或由內看外，都一清二楚，象徵新聞工作追求真相，真相需要大白的精神。

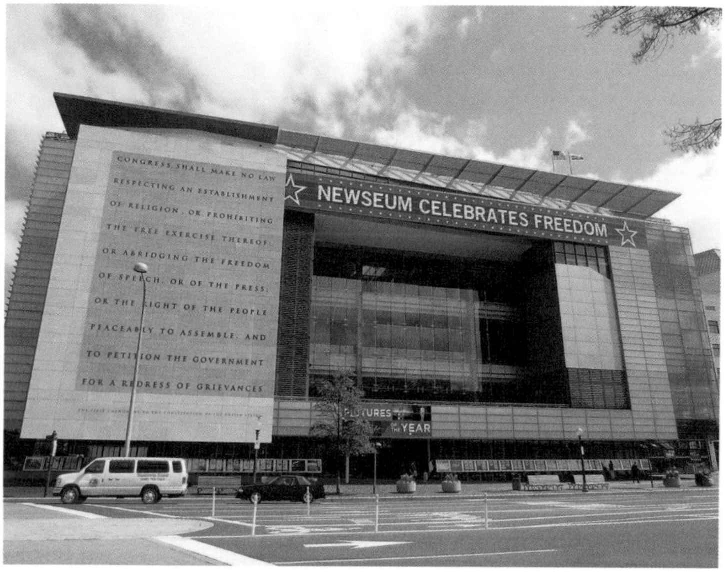

新聞博物館將於 2020 年後搬離現址。

正門有一堵磅礡的石牆，劈頭刻了四十五字的《美國憲法第一修正案》，其中對於言論自由的定義，已經到了門神層次。門口展示超過八十份國際報紙當日的頭版新聞，很有氣魄。頂樓視野可眺望國會大廈、華盛頓紀念碑、國家廣場，是熱門的拍照位置。

先來談談美國史上第一位殉職的新聞人。以利亞洛夫喬伊（Elijah Lovejoy），是緬因州的牧師、記者、報人以及廢奴主義者，一八三七年他為了搶下第四台印刷機，因為前三台都被蓄奴者搗毀，遭到暴徒槍殺，當場死亡，死時未滿三十五歲，遺下兩個孩子。以利亞洛夫喬伊的犧牲，引發大眾對廢奴議題的關注，他被視為美國內戰第一名受害者，也是史上第一位為爭取新聞自由而捐軀的人。

新聞人員紀念碑上的 Henry Liu

我搭電梯到三樓，在邊間一隅，找到新聞人員紀念碑（Journalists Memorial）。記者跑新聞，有時得冒著生命危險，挖掘真相的同時可能遭遇砲彈攻擊，但記者的一支筆，可能擊退百萬大軍，改變很多人的生命，對於民主，記者常在第一現場。

透明弧形的新聞人員紀念碑，高約二層樓，採玻璃設計，刻有一八三七年自以利亞洛夫喬伊以降的兩千多位殉職新聞人員名單，地點遍及世界各地。每年五月，這裡會新增前一年的殉職名單，光是玻璃板的移動與調整，得耗時三週。新聞人員紀念碑揭幕之初，筆名江南的劉宜良，是唯一列名的台灣記者。

我伸長脖子用肉眼搜索，仰著頭找了一會兒，終於在一九八四年最後一個名單上，看到了 Henry Liu，寫著 Freelance。我想除了他，這裡應該沒有其他來自台灣的記者名字吧。一九八四年住在加州的

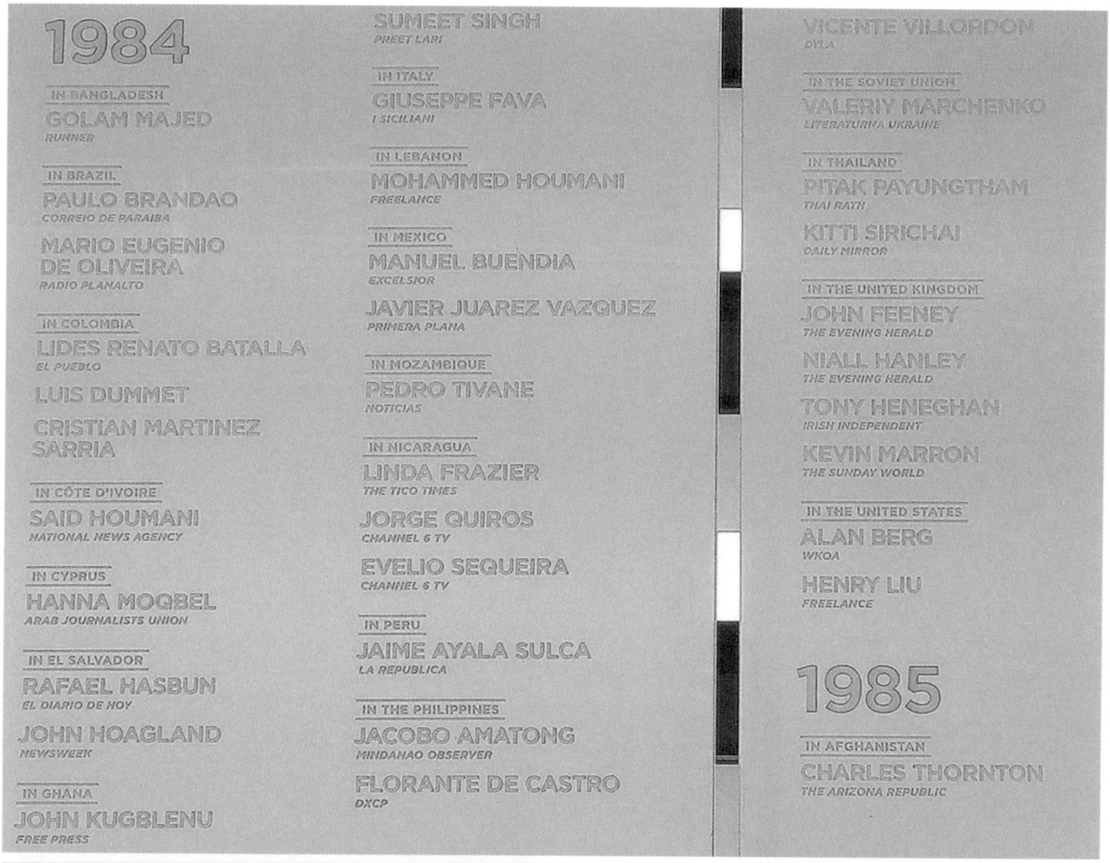
1984
IN BANGLADESH
GOLAM MAJED
RUNNER
IN BRAZIL
PAULO BRANDAO
CORREIO DE PARAIBA
MARIO EUGENIO DE OLIVEIRA
RADIO PLANALTO
IN COLOMBIA
LIDES RENATO BATALLA
EL PUEBLO
LUIS DUMMET
CRISTIAN MARTINEZ SARRIA
IN CÔTE D'IVOIRE
SAID HOUMANI
NATIONAL NEWS AGENCY
IN CYPRUS
HANNA MOQBEL
ARAB JOURNALISTS UNION
IN EL SALVADOR
RAFAEL HASBUN
EL DIARIO DE HOY
JOHN HOAGLAND
NEWSWEEK
IN GHANA
JOHN KUGBLENU
FREE PRESS
SUMEET SINGH
PREET LARI
IN ITALY
GIUSEPPE FAVA
I SICILIANI
IN LEBANON
MOHAMMED HOUMANI
FREELANCE
IN MEXICO
MANUEL BUENDIA
EXCELSIOR
JAVIER JUAREZ VAZQUEZ
PRIMERA PLANA
IN MOZAMBIQUE
PEDRO TIVANE
NOTICIAS
IN NICARAGUA
LINDA FRAZIER
THE TICO TIMES
JORGE QUIROS
CHANNEL 6 TV
EVELIO SEQUEIRA
CHANNEL 6 TV
IN PERU
JAIME AYALA SULCA
LA REPUBLICA
IN THE PHILIPPINES
JACOBO AMATONG
MINDANAO OBSERVER
FLORANTE DE CASTRO
DXCP
VICENTE VILLORDON
DYLA
IN THE SOVIET UNION
VALERIY MARCHENKO
LITERATURNA UKRAINE
IN THAILAND
PITAK PAYUNGTHAM
THAI RATH
KITTI SIRICHAI
DAILY MIRROR
IN THE UNITED KINGDOM
JOHN FEENEY
THE EVENING HERALD
NIALL HANLEY
THE EVENING HERALD
TONY HENEGHAN
IRISH INDEPENDENT
KEVIN MARRON
THE SUNDAY WORLD
IN THE UNITED STATES
ALAN BERG
WKOA
HENRY LIU
FREELANCE
1985
IN AFGHANISTAN
CHARLES THORNTON
THE ARIZONA REPUBLIC

華裔美籍記者劉宜良，正著手撰寫《蔣經國傳》，有天早上他吃完早餐，在自家車庫前，突然遭到台灣竹聯幫份子暗殺。當時普遍認為，江南的書稿涉及層峰機敏，所以惹來殺身之禍。

美國無法容忍居然有境外勢力潛入美國，光天化日槍殺美國公民這種事情，而劉宜良的太太也透過FAPA的幫忙，在美國國會舉辦聽證會，台美關係盪到了谷底，對台灣當局造成巨大壓力。終於，內外交迫下，鬆動了國民黨威權體制，江南案最後以法辦情報局長收場。此事促使蔣經國總統順應時代潮流，宣布解嚴，開放黨禁、報禁，反成了台灣實踐民主的契機。

柏林圍牆與911爆炸殘骸

找到Henry Liu之後，我才開始參觀新聞博物館其他展示。我最喜歡新聞史畫廊（News History Gallery），裡面羅列人類五百多年來每一年的新聞事件，我當然要找找自己出生那年的新聞版面囉。

此外，這裡還收藏柏林圍牆正反面，你會訝異東西德兩邊截然不同的牆上絮語；九一一世貿大樓高溫融化的部分殘骸，猶如電影《魔鬼終結者》阿諾史瓦辛格的巨大手臂。就連洗手間的牆壁，也布滿各種新聞標語。還有，性醜聞，永遠是新聞亙古的題材。

手機掃一下

新聞博物館介紹

豪華強森汽車旅館
王桂榮的傷心酒店

華府東北方緊鄰馬里蘭州的喬治王子郡（Prince George's County），我剛到美國時就被耳提面命，沒事不要去喬治王子郡，那裏治安差到連計程車運匠都不願經過。可是喬治王子郡有間風評很好的公立常春藤名校馬里蘭大學，怎麼會這樣？總之美國社會常有我們外國人不了解的潛規則。在這種刻板印象下，能夠讓我踏入這區，一定得跟台灣有關。

海外台灣人集資創舉

豪華強森（Howard Johnson）是一家以公路餐廳起家的連鎖汽車旅館，用現在的話講就是摩鐵，成立於一九五四年。豪華強森橘色屋頂藍色商標，曾是駕駛者與度假者的旅行代名詞，興盛一時。

前面提過FAPA，無論運作或遊說，都需要經費，每次僅靠募款，總不是辦法。後來想到，很多台灣人在加州擅長經營汽車旅館，生意做得有聲有色，不如在華府開一間台灣人自己經營的汽車旅館，每年將四成營利所得捐給FAPA當經費，應是可行之計。

一九八六年，南加州旅館經營之神王桂榮，飛越了整個美國，來到東岸的華府，在美國最長的南北向國道一號公路上（US Route 1），買下了位於華府近郊、馬里蘭大學附近的豪華強森汽車旅館。這間結合九十四位台灣人出資、總價五百一十五萬美金、擁有一百六十四間房的汽車旅館，由於是海外台灣

豪華強森如今規模約 20 間客房。

不建議入住豪華強森汽車旅館，但是附近的馬里蘭大學值得走走。

人第一次集資完成的大筆交易，轟動江湖。

當時黨外人士在政府公文裡，都自動變成四個字的「日本名」，像是彭明敏被稱為「彭逆明敏」。彭明敏在美國演講時，常有職業學生到現場，利用QA時間咄咄逼人發問，每發問一次，他們就可得到四十塊美金獎賞。現在有了豪華強森這間旅館，說不定可以抵擋這種金錢攻勢，一時人心振奮。

黨外金雞母實驗

不過，王桂榮是明眼人，他其實一開始就看出來豪華強森並不強這件事。身在異國，即便是十八銅人、豪傑好漢，每個人都有自己的現實要面對，每個家庭也有各自的擔子要挑。組織一大，內部問題就多，對王桂榮來說，經營這樣一間股東太多、熱血太燒的旅館，難度實在高，原先想讓金雞母生金雞蛋的願望，也因當地吸毒者多，白人少，遊客有限，營運出現問題。後來王桂榮逐漸淡出FAPA核心圈，應該跟這間傷心酒店有關係。

豪華強森，至今仍在，但規模縮小，生意馬虎。走進老派的櫃台，想像當年台灣人指揮坐鎮的樣子。

我想，路，不會白走，只是得繞而已。

手機掃一下

逛逛馬里蘭大學

美國國家歷史博物館

從電算機到電腦王國台灣

我第一次踏入美國國家歷史博物館（National Museum of American History），是為了參觀館內第一夫人禮服區。裏頭展示二〇〇九年吳季剛（Jason Wu）替蜜雪兒歐巴馬設計的單肩禮服，白色雪紡綴上施華洛世奇的水晶。吳季剛九歲前住在台灣，國語流利，至今仍愛吃用隔夜冷飯做成的炒飯。當我從頂樓慢慢逛下來時，發現這裡居然有電子展品，咦，這不正是台灣的強項？

創立於一九六四年的美國國家歷史博物館，展現了美國人集體的生命情趣。除了收藏美國最原始的星條旗（Star-Spangled Banner）、林肯被暗殺時戴的禮帽、北卡羅萊納州破除種族歧視的四個吧檯座位（Woolworth's lunch counter）等歷史文物之外，它最厲害的，在於常民文化與流行文化，像是迪士尼的小飛象、電影《綠野仙蹤》桃樂絲的紅寶石鞋、拳王阿里的手套、愛迪生發明的電燈泡、爵士樂大師艾靈頓公爵的手稿樂譜等。

吳季剛幫美國第一夫人設計的禮服。

史上第一隻電腦蟲

我們常聽到電腦工程師說要抓蟲（bug），蟲指的是他們得找出錯誤所在，然後才能除蟲（debug）。我一直以為蟲是抽象的意思，也不懂為何要用蟲來稱呼（難道不能用鳥或狗來稱呼嗎），直到我在美國國家歷史博物館，看到了史上第一隻電腦蟲，才恍然真的有電腦蟲。

一九四七年，哈佛大學有一部馬克二號電腦（Mark II computer）故障了，大家忙著檢查問題出在哪裡，結果一位名叫葛麗絲霍普（Grace Hopper）的女工程師發現，一隻飛蛾屍體卡在電腦零件中，移除之後果然運作正常。他們把飛蛾屍體貼在工作日誌上，大大標示著，就是牠，影響電腦運作，從此，電腦界出現了蟲這個行話。至今「bug」和「debug」兩個詞，廣泛應用在生活各個層面，而這隻飛蛾的屍體連同日誌，完整存放在館內。

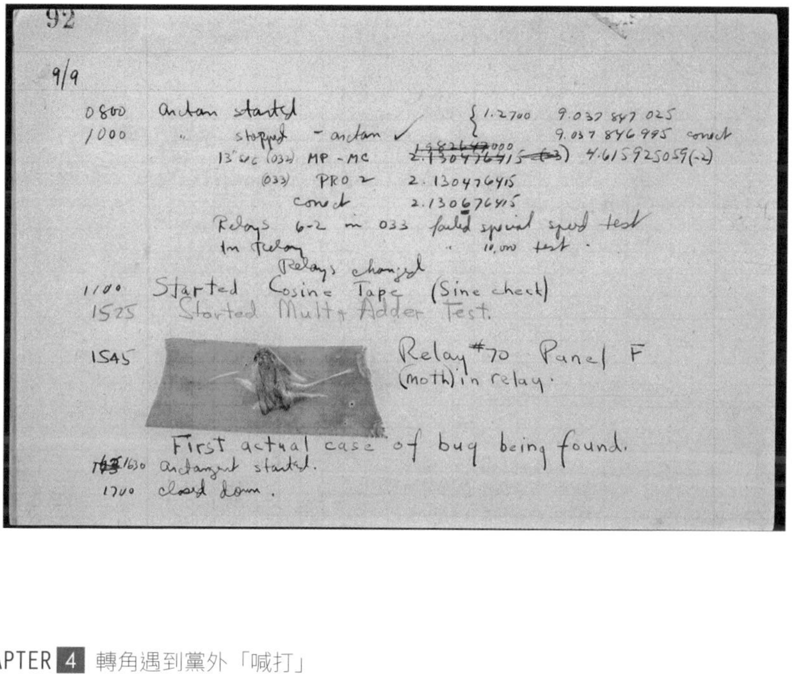

三愛電子的綠色電算機？

看完了電腦蟲，我趕緊查一下是否有來自台灣的電子產品？果然跑出一堆 Made in Taiwan，多半是七〇與八〇年代的產品，其中電子計算機占了大宗。館內收藏一台一九七二年台灣製造的綠色電子計算機 Bohn Instant，會不會出自三愛電子？

三愛電子是台灣第一家做出電子計算機的公司，一九七二年還在台大電機研究所念書的林百里，因為修好了一台日本製的卡西歐電算機，開啟了三愛電子製作電算機之路。後來三愛電子解散，但三愛幫的林百里、溫世仁、葉國一、梁次震等，陸續創立了廣達、英業達、金寶、仁寶等公司，台灣因擁有製作電子計算機的能力，累積電子組裝技術，日後才能發展電腦產業，成為台灣經濟奇蹟一景。

現在想想，七〇、八〇年代的台灣真厲害，理工科的人，投入電子產業；文法商的人，專注民主運動。穿過華府，回望我那允文允武的故鄉。

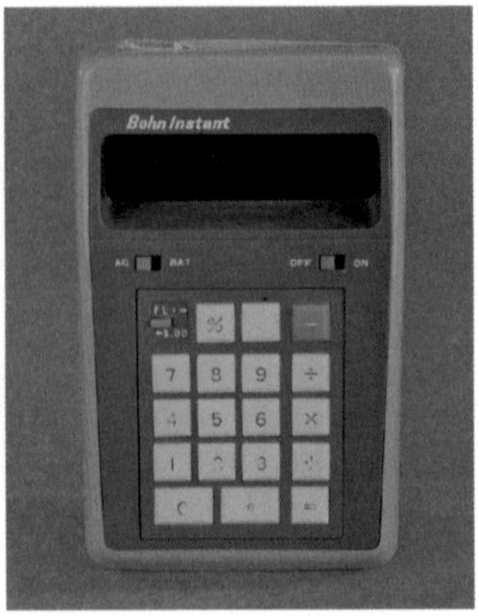

手機掃一下

美國國家歷史博物館導覽

華盛頓郵報

台灣解嚴獨家專訪

我是在《華盛頓郵報》快要搬到新大樓的前一年，路過他們15街的舊大樓。舊大樓外觀雖然無趣，一點都不像七〇年代全球最權威的一流報館，但門口擺的那架萊諾31型排版機（Linotype Model 31）參與過台灣民主潮流，不可小看。

萊諾31型排版機一八八八年就在華郵服役，直到一九八〇年才退休，它不僅排版了華郵最知名的「五角大廈文件」與「水門案」新聞，連台灣黨外人士的投書，也可能透過它刊載出來，例如：彭明敏撰文〈Views on Formosa〉（一九七一）、史上第一則台灣總統參選廣告「擁護郭雨新

華盛頓郵報舊辦公大樓，跟台灣關係深厚，不過鼠患猖獗，這棟樓現已改建為玻璃帷幕大樓。

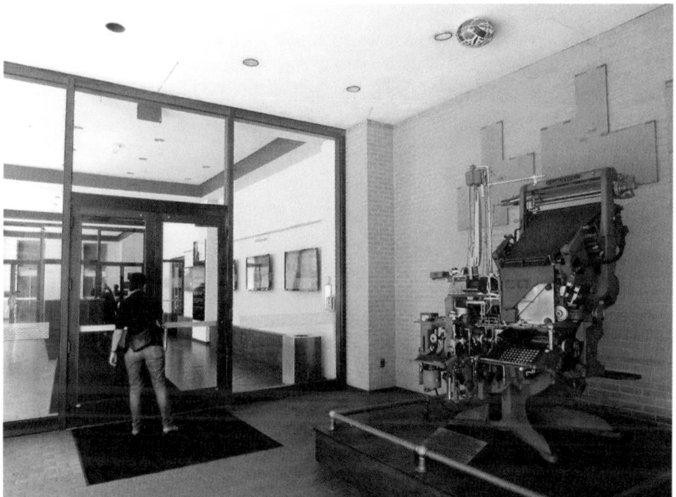

舊大樓門口展示萊諾 31 型排版機，台灣民主發聲都靠它作業。

競選總統」（The Presidential Election in Taiwan on March 21 &22, 1978），還有百餘名北美台灣人教授在美麗島事件與林宅血案發生後，為抗議國民黨大舉逮捕黨外人士，聯名投書《華盛頓郵報》。

揭露五角大廈密件與水門案疑雲

華盛頓郵報成立於一八七七年，早年它曾以錯字出名，而且錯得引人遐想，例如威爾遜總統「招待」（entertaining）高爾特夫人，卻寫成「進入」（entering），據說威爾遜總統反而欣賞這個誤植似乎更符合他喪偶之後二春的心情。

一九三三年經濟大蕭條時期，美國富商也是聯準會主席（地位等同美國央行總裁）尤金梅爾（Eugene Meyer）買下華盛頓郵報，報社經營才逐漸上軌道。之後尤金梅爾的女婿，飛利浦葛蘭姆（Philip Graham）接手華郵，但他因外遇加上躁鬱症發作，舉槍自殺，一九六三年改由他的遺孀、也就是尤金梅爾的女兒，凱薩琳葛蘭姆（Katharine Graham）掌理。

葛蘭姆夫人是美國二十世紀最偉大的女性之一，被譽為美國新聞界的第一夫人，她與總編輯班布萊德利（Ben Bradlee）合作無間，使她從一介富家千金，躍升為偉大出版人。他們最為人津津樂道的就是一九七一年聯手揭露國防部五角大廈密件，指出美國政府在越戰問題上說謊。一九七二年，葛蘭姆夫人更做好被失蹤、入監的心理準備，她與總編輯力挺手下兩名不到三十歲的年輕記者（Bob Woodward, Carl Bernstein），透過深喉嚨的協助，一步步抽絲剝繭，揭開水門案竊聽疑雲，逼使幕後藏鏡人尼克森總統，黯然下台。

葛蘭姆夫人堅持報格與新聞自由，高度抗壓，成就史上最石破天驚的水門案報導，在她帶領下，華郵成為全球最具影響力的媒體，榮獲無數次的普立茲獎，後來華郵還被拍成電影《大陰謀》（All the President's Men），找來影帝達斯汀霍夫曼和勞勃瑞福主演，榮獲四項奧斯卡獎。

葛蘭姆夫人親自來台跑新聞

一九八六年十月，葛蘭姆夫人帶著編輯群，一行人全程自費飛來台灣，時間落在民進黨圓山大飯店創黨後的一週，準備專訪蔣經國總統。她選擇住在民權東路的亞都飯店一一〇一房，不住國賓級的圓山飯店，背後有其考量，結果差點上演台灣版水門案。

依據嚴長壽《你可以不一樣》書中說，我方人員得知她要下榻亞都飯店，前一天便來勢洶洶、浩浩蕩蕩在飯店內裝竊聽器，嚴長壽一看知道事關重大，立刻通報新聞局，最後蔣經國祕書宋楚瑜親自處理，竊聽器材全數撤離亞都，巧妙化解了一場可能危機。

蔣經國透過葛蘭姆女士的訪談，親口宣布台灣政府即將解除戒嚴、開放組黨的消息，華郵聽到後立刻刊出這條國際

葛蘭姆夫人採訪蔣經國。

大獨家。新聞一登，受到國內外輿論一致好評，之後，台灣正式解除戒嚴、解除黨禁，又解除報禁，一九九二年終於廢止實施半世紀的「黑名單」管制，「喊打」的人終於可以回家了。

華郵，就像骨牌一樣，間接幫助台灣推倒了一連串的高牆。

K街上的新大樓

二〇一三年，華郵第四代掌門人、也就是葛蘭姆夫人外孫女，將家族經營了八十年的報社，以二點五億美金賣給了亞馬遜創辦人傑夫貝佐（Jeff Bezos）。葛蘭姆家族動態，向來是華府人茶餘飯後的八卦題材，華府人對他們的好奇不亞於英國人對皇室的追逐，如今是葛蘭姆家族淡出的時候了。

二〇一五年華郵告別跟台灣密切交織的舊辦公大樓，七百位編輯員工全數搬到K街上的新大樓上班，象徵數位新聞時代的展開。新大樓坐落在富蘭克林廣場（Franklin Square）正對面，挑高氣派，K街向來是遊說公司、公關說客群聚的地方，南北二路的消息在此流通，是華府少數具有強烈世俗氣息的繁忙大街，俗稱華府第五大道，華郵確實很適合在此落腳。

華郵新大樓，有著小型雙子星塔。

據說K街每年的遊說產值約有三十億美金，目前在華府從事遊說行業的人已超過四萬人，他們向客戶收取高昂的佣金，靠著三寸不爛之舌年薪可達三十萬美元以上，因此K街也叫做「致富之街」，它是華府的縱貫線，就像牛排裡不可或缺的油脂一樣。

華盛頓郵報，擅長美國國內政治動態，與國際事務見長的《紐約時報》，同等齊名。不過台灣人有時會把《華盛頓郵報》與《華盛頓時報》（Washington Times）搞混，後者是韓國人在華府創立的，跟台灣淵源不深，千萬不要弄錯喔。

手機掃一下

回顧華盛頓郵報的黃金年代

5 CHAPTER

王建民的投手丘

2012 年王建民效力的國民隊球場

海亞當斯飯店

錢復的餐敘奧義

海亞當斯飯店在白宮拉法葉廣場邊上，自一九二八年創立以來，一直是華府政要喬事情的好地方，有點類似我們立法院旁的喜來登飯店。海亞當斯飯店頂樓可俯瞰整個白宮街區，遊客們最喜歡到這窺視宮內動靜，一樓的拉法葉餐廳（The Lafayette）與地下室酒吧（Off the Record）更是兵家吃喝之地，一九八〇年代之後許多美台事務，也在這杯觥交錯。

海亞當斯飯店外觀有著義大利文藝復興風格，大廳明顯比威拉德或五月花小的多，但牆面全用胡桃木作，色澤溫潤，清新脫俗的白色蝴蝶蘭置於其中，更襯高雅。抬頭一望，金色希臘式柱頭目不暇給，電梯還刻著占星般的幾何圖案，有一抹舊日君士坦丁堡風韻，原來當年飯店建築師出身鄂圖曼土耳其帝國，難怪了。

海約翰與新竹清大

海亞當斯的名稱，取自早年兩個華府世家的縮寫。一個是從林肯總統祕書起家的海約翰（John Hay），另一個則是祖先出了兩位美國總統的亨利亞當斯（Henry Adams），兩人不僅是摯友，兩人的

太太也是閨密，他們相約蓋一棟海亞當斯之家（The Hay-Adams Houses）比鄰而居，地點就在白宮拉法葉廣場邊上。

一八八五年在海亞當斯之家落成前數週，亨利亞當斯四十二歲的太太，因受到父親過世打擊深陷憂鬱，綽號三葉草（Clover）的她，吞氰化鉀自殺，來不及入住新家。她過世後，海亞當斯之家成為華府社交沙龍，引領文藝、科學、政治等思潮，像是馬克吐溫、伊迪絲華頓、亨利詹姆斯，還有老羅斯福總統等都是常客。

一九〇五年，六十七歲的海約翰擔任美國國務卿，當時中國正值八國聯軍之後，他主張把庚子賠款退還給中國。這筆退款後來成為教育基金，用來成立清華大學，換言之，海約翰與我們新竹清大還有點關係哩。

海約翰

三葉草幽靈發功？

在海約翰與亨利亞當斯相繼過世，人走茶涼，一九二八年海亞當斯之家整個被夷平，重建為八層樓高的飯店。不過飯店開幕後，陸續傳出靈異事件，據說跟三葉草夫人有關，員工議論空氣中的氣味到底是含羞草？還是杏仁？因為她生前最愛含羞草香水，而她吞的氰化鉀聞起來像杏仁……。

但也別緊張，美國人倒是樂於到這吸取特殊磁場。像是飛行家林白、第一位拿到諾貝爾文學獎的美國作家辛克萊路易斯（Sinclair Lewis）、影星李奧納多狄卡皮歐等，都曾住過這裡。歐巴馬總統上任前，也帶著第一家庭成員下榻這裡。

拉法葉餐廳的「眉角」

從大廳左轉，來到拉法葉餐廳，餐廳比大廳寬敞多了，桌上擺支白色海芋，一派素淨。一九八〇年代開始，由於台美已無邦交關係，雙方官員若有要事參商，不能到辦公室，只能利用餐敘方式進行，海亞當斯的拉法葉餐廳或酒吧便成為碰面之地，此一慣例應是從一九八三年錢復擔任駐美代表開始建立的模式。

錢復剛到華府時，《時代》週刊就約他在海亞當斯飯店進行訪問，共進午餐。之後錢大使常常在此出入，有時早餐，有時午餐，有時下午茶，與白宮人員或尚未擔任總統的小布希見面會談。錢復在華府將近六年的時間，建立了現今駐美代表處辦公大樓（TECRO）、整修雙橡園、購置新官舍等，等

到任滿要離開華府時，美方也在海亞當斯飯店設宴為他餞別。至今台美雙方仍延續在海亞當斯吃飯見面的傳統，而且據說大家都很有默契不做筆記，不留痕跡，如同這裡酒吧的名字 Off The Record，一切盡在交談乾杯中。

我會跑來這裡，完全不是為了甚麼外交任務，純粹是因為我最後一次在華府過生日，想給自己一個吃好料的機會而已。我沒有聞到什麼含羞草或杏仁味，倒是餐後那道甜點無花果水果塔，我以後會懷念的。

手機
掃一下

採訪海亞當斯
飯店總經理

濃郁的無果花水果塔。

甘迺迪表演藝術中心

雲門舞集開啟台灣天團時代

有些地方很有名，但得等到一個心情，才能去。

一個二月雪的週六傍晚，我頂著零下十二度低溫，沿著波多馬克河開車，夕照中留有殘雪。能在這麼冷的天氣召喚我出門，趕赴甘迺迪中心這個全美最繁忙的表演藝術場地（Kennedy Center for the Performing Arts），為的是一睹來自家鄉的雲門舞集。雲門是第三度來華府演出，而我是第一次購票入內，從地下室停車場壯觀的井然，甘迺迪中心就令我印象深刻。

華府人從此不必跑紐約

一九三三年小羅斯福總統夫人希望為大蕭條時期的失業演員，提供一些工作機會，之後這份初心，經過艾森豪與甘迺迪總統的努力，以及福特、洛克菲勒等富豪家族的捐款，一九七一年終於在波多馬克河畔，建成了這個神殿級的表演藝術中心。

該中心以甘迺迪命名，主要是這位前總統曾說過一句名言：「人們不會記得我們政治上的勝敗，但會記得我們曾對精神文明所做的努力。」甘迺迪開啟了華府的藝文時代，有了交響樂、芭蕾舞、戲劇、爵士樂，華府人從此不必再跑紐約了。

由於此處鄰近雷根機場，如何隔絕飛機起降噪音的干擾是一大考驗，因此發明了「盒中盒」的雙層設計，營造最佳音效場域。這裡是美國國務卿邀請各國使節觀賞表演藝術的地方，也是各國使節引進自己母國文化赴美表演的最佳舞台。頂樓還有寬闊的露台，是眺望華府知名地景的好所在。

雲門首演與飛彈危機

一九七四年台美仍有邦交時，就有台灣的表演團體登台表演，當時我們的駐美大使館特別訂了二樓包廂招待華府政要、議員以及各國使節，共同到甘迺迪中心欣賞平劇，連演兩場。不料，一九七九年一月，台美斷交尚未滿月，「中」美兩國為慶賀建交，在這上演一齣名為鄧小平的大戲（America Entertains Vice-Premier Deng Xiaoping）。當天卡特總統與鄧小平同志連袂觀賞，「這廂新人笑，那廂舊人哭」，恐怕是台灣最吞忍的寫照。

一直等到一九九五年，雲門舞集踏上了甘迺迪中心，這是台美斷交後第一個重返舞台的台灣團體。舞作《九歌》在華府獲得澎湃熱評，《華盛頓郵報》與《紐約時報》大幅報導，兩千三百個座位加上超賣了三十張站票的觀眾，遲遲不肯散場，總監林懷民的父母坐在台下，參與這一刻，深感驕傲。

半年後一九九六年，台灣即將進行首次總統大選，爆發了台海飛彈危機。選前三天，正當兩艘美國航母協防台海之際，華府這頭的甘迺迪中心也上演了一場「為民主而唱」的台灣音樂會，儘管春寒料峭，仍吸引了許多關心台海緊張情勢的僑民，熱情參與。

安度危機之後，二〇〇〇年台灣第一次政黨輪替。二〇〇六年夏天，〈望春風〉、〈望你早歸〉等台灣民謠，首度迴盪在甘迺迪中心，由台北愛樂管弦樂團擔綱演出。

《稻禾》讓我想家

二〇一六年台灣第三次政黨輪替，雲門也第三度來到華府，為華府人帶來《稻禾》。

甘迺迪中心的長廊（The Grand Foyer）號稱全世界最大的走廊，有人說把華盛頓紀念碑倒著放進來都綽綽有餘，長廊上十六盞瑞典手工吹製的水晶吊燈，照亮了甘迺迪頭像。長廊盡頭有座千禧舞台（Millennium Stage），每晚六時，提供免費的

表演音樂會，買不起票或不想買票的人，仍可大方走進這裡，親近藝術，台灣的聲動樂團就曾在這表演過。望向四層樓高的歌劇大廳（Opera House），《稻禾》就在這裏演出。

當晚，票房全滿，幾無虛席。鋪滿紅絨的歌劇大廳，有名貴的奧地利水晶吊燈，二樓包廂曾是卡特與鄧小平哈拉的地方。工作人員走過來對我說，抱歉這裡禁止拍照。若以華麗程度來說，其實台北國家音樂廳並不遜色。環顧四周，白人觀眾占多數，除了英語，我還聽到台語、京片子、西班牙語、印度口音等，大概吃米的民族都對《稻禾》感興趣。

到甘迺迪中心並不是追求藝術，完全是投射想家情緒。當幕起音樂奏下時，一片綠油油的稻景，瞬間讓我眼眶張力飽滿，一直撐著。謝幕時，很多人起立鼓掌，我也起立，同時眼淚墜落。

謝謝雲門，在華府舞出了台灣當代縮影。

手機掃一下

歡迎光臨甘迺迪
表演藝術中心

波多馬克河的龍舟賽

來喔！燒肉粽配珍奶

在波多馬克河划船，是華府從十九世紀盛行至今的休閒傳統。每年五月，華府的亞太文化月，許多亞洲國家都在這個初夏時節，紛紛舉辦文化活動，台灣也不例外，華府龍舟賽（DC Dragon Boat Festival）就是台灣主辦的，而且連美國總統都會發函祝賀這項活動。

龍舟賽的水域，介於波多馬克河的基橋（Key Bridge）與羅斯福橋（Roosevelt Bridge）之間，岸邊就是水門大廈與甘迺迪中心。每年約有四十多個隊伍報名參賽，共享兩天的分組賽事，頗為熱鬧，包括台灣駐美代表隊、華府市府隊、美國退役軍人隊、華府中文學校隊、盲人隊、殘疾隊、乳癌隊，還有從外州來的隊伍等。

岸上，有DJ帶動氣氛，一邊播報比賽結果一邊下場熱舞，非常有勁。許多台灣手工藝攤位，現場DIY毽子、香包、剪紙、燈籠、捏麵人、畫糖人等，很受歡迎。

尖塔下的基橋

從小不喜歡燒肉粽的我，竟在華府「大走鐘」，狠嗑了兩顆，還灌了大杯珍奶，如果再來點冰涼沾蜜的鹼粽，就更完美了。我之所以打破肉粽魔咒，應該是被基橋迷惑，畢竟在風和日麗的河岸樹蔭下，襯著哥德式尖塔與拱橋倒影，胃口不開也難。

波多馬克河是華府的母親之河，也是印第安原住民口中的天鵝河，河上建有七座主要橋樑。其中基橋建於一九二五年，連結華府喬治城與維吉尼亞州羅斯林（Rossyln），用來紀念寫下美國國歌《星條旗》（The Star-Spangled Banner）歌詞的法蘭西斯史考特基（Frances Scott Key），他的家就在基橋橋頭街區。

基橋讓人感受工業與科技精準結合的力學之美，象徵美國首都的宏偉。橋上有萊姆綠的燈柱，向外彎的欄杆，兩側設有走道，是單車者、慢跑者、攝影者愛好的地點，橋墩則是老鷹和鳥類的築巢天堂，常有賞鳥者在此出沒。

欣賞基橋最好的位置就在龍舟賽的觀眾席上。連綿的拱橋，細長的舟身，襯著喬治城大學尖塔，在平靜的河面刻劃出令人著迷的跨度與倒影，就像鑲在水面上的巨型雕塑，成為城市地理的記憶。無怪乎從二〇〇二年開始，這裡成為龍舟賽的競賽場地。

不妨加入南島原住民古船

台灣從二〇〇二年起主辦華府龍舟賽，近年希望能申請成為華府百大活動，在此我拋個小點子，大家一起腦力激盪。

波多馬克河自古就是印第安人的水域，而台灣正是南島語族發源地，如果在龍舟賽加入一些原住民元素，例如台灣達悟族拼板舟 v.s. 美國阿岡昆獨木舟（Algonquin Canoe），或者阿美族竹筏 v.s. 切羅基獨木舟（Cherokee Canoe），無論單純展示或選美競賽，既增添多元趣味，又提升人文底蘊，應該非常吸引華府人目光，打響台灣主辦名號，快快入選百大活動，各位以為如何？

手機
掃一下

華府龍舟賽新聞

國際間諜博物館

程念慈與凱德磊案

有人說，全世界間諜最多的城市就在華府，華府有將近兩百國的大使館，又是世界政治中心，據統計從一七九〇年至今真實發生過的諜報現場，包含飯店餐廳私宅使館墓園等共有二二〇處，密度之高，某種程度來說，華府的國際化是拜各國情報員穿梭所賜，造就此地特殊的祕聞景點。

全球唯一的情報博物館

創立美國第一個間諜網的人是國父喬治華盛頓，他一直被美國中情局ＣＩＡ奉為間諜鼻祖。華盛頓打獨立戰爭時，曾派出美國史上第一位女間諜代號 Agent 355 臥底英軍，至今歷史學家仍無法確定她的真實身分，這座以父之名的首都城市，存在情報博物館，可謂名實相符。

二〇〇二年開幕的國際間諜博物館（International Spy Museum），是美國唯一、也是全世界唯一的間諜博物館，非常值得參觀，它也是華府少數要收門票的博物館。博物館的創立者米爾頓默茲（Milton Maltz），參與過韓戰的密碼破譯，其他董事會成

間諜博物館將告別這棟一八七六年老屋，二〇一九年遷至朗方廣場（L'Enfant Plaza）新址。

員來自國際情報界的前輩，包括前蘇聯KGB等。有了這些實務操作的經營者們，你得讚嘆美國人很放得開，不像大多數的國家，都把情報工作弄得神祕兮兮的。

參觀前，要先進入簡報室看一段影片。影片一開始就拋出人性掙扎：當間諜有很多不同的動機，什麼驅動了你？錢？恨？愛國？自我實現？還是不得不的妥協？看完影片後，開始參觀琳瑯滿目、五花八門的諜報工具。

這裡收藏最齊全的間諜文物，從古希臘羅馬時代、中國的孫子兵法說起，一直到二戰、九一一恐攻等科技發明。其中最特別的是德軍納粹在二戰期間，祕密通訊用的口紅手槍、鴿子相機、恩尼格碼密碼機（Enigma）。其實許多美國人熟知的公眾人物都曾有間諜身分，包括女歌星、廚師、棒球員、電影導演和女演員等。館內還有身歷其境的互動遊戲，讓你來扮演一小時的特務任務，保證腎上腺素大量分泌；他們更布建了一個GPS設備，遊客可在博物館四周出任務，尋找線索，以獲得武器密碼等。

這裡唯一的問題是空間太小，人太多，動線擁擠，畢竟這棟一八七六年蓋的百年老屋，你不能要求太多。不過根據最新消息，它將遷至朗方廣場（L'Enfant Plaza）新址，將可提供兩倍大以上的空間，真是間諜迷的福音。

孫子兵法。

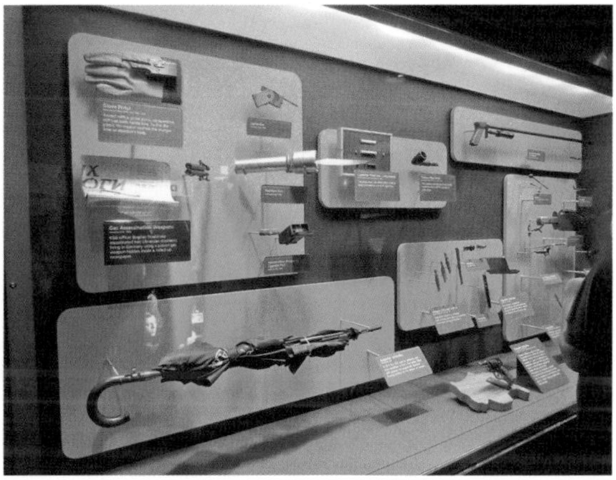
介紹間諜工具，招募，培訓，密碼，破解，出任務等，以及電影007詹姆斯龐德系列。

講座裡的台女諜報員

間諜博物館經常舉辦演講活動，前美國國務院情報專家羅伯特布斯（Robert D. Booth），退休後出過一本書，他在館內演講時，提到了轟動台美的「凱德磊案」（Donald Keyser）。布斯說，他萬萬沒想到認識已久、風評極佳、身經百戰的老同事凱德磊，居然栽在他稱之為台灣蜜糖的程念慈（Isabelle Cheng）手上。

二〇〇四年，美國國務院亞太助理國務卿凱德磊，和台灣國安局駐美人員程念慈傳出緋聞，程念慈是北一女、台大畢業高材生。某次他們相約在如今名為Triple Craft的餐廳午餐時，被假扮成客人的FBI幹員埋伏跟監。席間，凱德磊將相關文件交予程念慈的舉動，全被FBI蒐證下來。飯後，他們準備前往停車場開車時，FBI上前攔截盤查，整起案件曝光。

經過了那麼多年，美國人講述「凱德磊案」仍帶有受傷的語氣，否則不會花九十頁篇幅回顧這事，但換個角度看，程念慈確實是一流高手。除了美國作家，台灣作家平路在《婆娑之島》一書中，把美國高官與台灣才女的緋聞，放置到更大的歷史座標中看待，也是一種人性化的切入。

很多人把「凱德磊案」拿來跟電影《色戒》對照，我個人覺得，間諜反映了政府不能說或不好說的潛意識。我們怎麼看待曝光的間諜，等於我們怎麼忠於自己的意識。

手機掃一下

國際間諜博物館參觀要點

威拉德飯店

李登輝下榻的百年旅館

關於威拉德飯店（The Willard Hotel）的故事，真是大江東去，浪淘不盡，訴說不完。

十九世紀這裡曾舉辦照亮大西洋岸的兩千人徹夜舞會。這裡引爆了南北戰爭。這裡是英文「遊說」（Lobby）一字的發源地。這裡是華府第一棟摩天大樓。這裡一樓的西方餐廳（Occidental）是美蘇化解古巴飛彈危機的第一現場。這裡是金恩博士寫下《我有一個夢》演講稿的誕生地。這裡接待過李鴻章。這裡也接待過李登輝。

早在一八四七年，亨利威拉德（Henry Willard）家族就在這經營旅館事業，距離白宮與國會大廈相當近，走路可達。一八五三年，飯店迎來了第一位總統客人皮爾斯，也就是我之前提過差點買下台灣的那位顏值媲美強尼戴普的帥哥總統，自皮爾斯總統以降，至少十多位美國歷任總統都住過威拉德。

一八五九年，飯店為即將離任的英國大使納皮爾勳爵（Lord Napier），主辦轟動一時的社交舞會。這是美國內戰前最後一場盛會，近兩千名賓客參與，當時南方人和北方人分住不同樓層，各自有各自的樓梯與出入口，避免衝突。舞會從深夜十一點開始，一直持續到凌晨四點，據說當晚女性的青春與美麗，照亮了整個大西洋岸。

飯店外牆鑲著銅牌，絮語著威拉德與美國內戰的親密關係。

精美的古董擺飾與器皿。

林肯度過驚險的十天九夜

一八六一年二月，來自全美各地二十一州的代表齊聚威拉德飯店，試圖為即將開打的南北戰爭做最後努力，這就是史上著名的馬拉松式長達二十三天的「和平會議」（The Peace Convention）。南方人與北方人，各自使用不同的入口進場，各自有專屬的樓梯，各自住不同的樓層。在山雨欲來風滿樓的情勢下，即將上任的林肯總統，基於安全考量，於二月二十三日入住飯店二樓，等待談判情勢明朗，再做下一步打算。

結果二月二十七日，南方代表首先撤離，談判破裂，內戰爆發。林肯一直在飯店住到三月四日才進宮就職。這十天九夜的總統初體驗，代價不菲，花費近八百美元，相當於今日兩萬美元，匆忙中，林肯先賒帳，據說他上任後第一張開出的支票就是用來支付威拉德飯店。

整個內戰期間，華府唯一營業的飯店就是威拉德，生意超級興隆。四十二歲的美國女作家茱莉亞沃豪（Julia Ward Howe），曾在飯店內聽到窗下的士兵高歌，隨手寫下著名的愛國歌詞《共和國戰歌》（The Battle Hymn of the Republic），至今仍不斷傳唱，她當年用的桌子和文具，也被悉心保留在飯店中。

「遊說」的起源與李鴻章訪美

早年威拉德因地利之便，成為南北兩路的消息中心。大廳的大理石柱，幻射出炫目的光影，當年格蘭特總統（Ulysses S. Grant）常從白宮步行到這休憩，抽點雪茄喝點小酒，結果有心人士紛紛在此製造不期而遇效果，久而久之，飯店大廳（lobby）變成了遊說之意，遊說一字正是源自這裡。

一八九六年李鴻章把台灣割給日本後，七十多歲的他到美國進行訪問，接待他的是格蘭特總統之子。李鴻章在華府停留期間，住進威拉德，據說他在華府的交通工具是轎子，轎夫扛著他往來於華府火車站、國會大廈、國會圖書館、清國駐美公使館等地，夠特別吧。

《我有一個夢》講稿孵化器

一九六三年黑人民權領袖金恩博士，在飯店內寫下《我有一個夢》，全篇重複九次之多的 I Have a Dream，溫柔堅定，堪稱史上最偉大、最動人、最成功的演說文學。金恩博士是少數投宿這裡的黑人菁英代表。威拉德也款待過許多文學家，例如：狄更斯、馬克吐溫、惠特曼、艾米莉狄金森。霍桑（Nathaniel Hawthorne）說得最傳神：

威拉德飯店不亞於國會大廈、白宮和國務院，它更可理直氣壯地稱為華府心臟。在這裡，你點頭的對象是州長，你手肘碰到的是名人，你腳踩的可能是將軍。你混在一群官員、發明家、藝術家、詩人、散文家之中。你忘了自己的身分。

遊說這個字起源地，就是這大廳。

此外，魔術大師、脫衣舞后、瑞典夜鷹、牛仔代表、馬戲團之王、進行曲之王等也都大駕光臨，就連大導演史蒂芬史匹柏與湯姆克魯斯，也曾借飯店場景拍片。

無邦交的元首級台灣貴賓

二〇〇五年卸任的台灣總統李登輝伉儷訪問華府，下榻地點就在有著多幅燙金銅牌、榆樹搖曳的威拉德飯店。

飯店特地換上紅地毯，以國賓規格迎接李總統，許多台僑也在飯店門口爭相目睹。之後，他在國家記者俱樂部（National Press Club）的曾格廳舉行記者會，並前往國會大廈發表簡短演說，吸引許多美國及國際主流媒體到場採訪，他還參觀了國家檔案館、傑佛遜紀念館、雙橡園等。

李登輝是台美斷交後，首位正式訪問華府的台灣卸任元首，深具意義。

手機掃一下

CNN 介紹威拉德飯店
從 1:10 開始

國家大教堂

首位外籍男高音李文智

我喜歡日常裡的鐘聲。幾次行走華府市區，無意間聽到街邊教堂鐘響，總是倍感療癒，鐘聲讓我腦中拉出了景深，那是牧歌，謙遜的提醒我這個偽裝成背包客的家政婦，該甘願了，太陽快下山，準備回家趕羊。

而華府國家大教堂（Washington National Cathedral）的鐘響，是我聽過配備最完整的鐘樂。它是全美第二大、全世界第六大教堂，正式名稱叫做「聖彼德與聖保羅大教堂」。這裡是北美洲唯一同時擁有個人式鐘琴（carillon）與團體式拉鐘（peal）的鐘樓，最好的聆聽位置，是在教堂旁的主教花園（Bishop Garden），鐘聲最遠可達一公里外的地方。西方人敲鐘的歷史可追溯到中世紀，用來演奏聖樂或召集人群，一戰期間是西方鐘樂發展的黃金時期。

國家大教堂位處華府地勢最高點，具有崇高神聖的象徵，它可能是全世界最後一座純哥德式石造建

築。外觀仿自十四世紀風格，從一九〇七年奠基開始，所有建築費用全靠民間募資，沒拿過政府或教會一毛錢，因此耗時八十三年之久才完工，是華府有史以來工期最長的建築，歷經五位建築師之手，開創了這個可容納四千名信眾的聖殿空間。

悼念老蔣總統的美國諍友

每當美國發生重大事件，像是參戰、登月、國葬、恐攻等，這裡就會舉辦集會、禱告等撫慰人心的儀式。全華府最有英國風的地方就在這，可惜這裡的石頭太新了，少了歷史感。超過兩百二十位美國名人安葬於此，包含海倫凱勒與威爾遜總統伉儷。

美國人進教堂前，都會摸摸正門鐵圈裡的摩西與亞伯拉罕，嘴裡念念有詞，我不清楚背後意涵，總之依樣畫葫蘆就對了。

一九七五年四月五日，台灣的老蔣總統在士林官邸過世，華府各界人士曾在這裡為他舉辦追思禮拜，由前美軍參謀長魏德邁（Albert Wedemeyer）親自致悼念詞，這位堅定反共的將軍曾六度訪問台灣，被公認是國民黨最後的美國諍友。

星際大戰、暈眩浮雕、月岩標本

遊客到這，最喜歡尋找天行者路克的黑暗之父、也就是電影《星際大戰》反派角色達斯維德（Darth Vader）的頭像雕刻。很佩服美國人董素相容，把宗教與娛樂結合，當初徵稿採納了一位小學生的設計，不知我們的行天宮、媽祖廟，能否也考慮一下這種與時俱進的世代趣味？

大教堂的浮雕裝飾非常細膩，正門的門楣上，刻著上帝造人的神蹟。每次我只要認真凝視，不出五秒就開始頭昏，背景的漩渦似乎整個要旋轉起來，非常靈動，很是敬畏。

進入大殿時，你會感覺大殿略為向左傾斜，其實這是中世紀留下的傳統，建造教堂時一定要留下瑕疵，以表達對神的崇敬。站在大殿走道上，西側玫瑰花窗，散發清澈光亮的色彩，光線裡漂浮的塵埃粒子，存在令人讚嘆的神性。南側的玫瑰花窗，鑲了一顆一九六九年人類首度登月帶回的月岩標本，華府國家大教堂雖然比不上歐洲那些動不動近千年歷史的教堂，但這顆月石，倒是替美國人扳回不少面子。

殿堂上的坎特伯里講台（Canterbury pulpit），有著象牙般的溫潤感，一九六八年金恩博士遇刺前四天，站在這裡發表生前最後一場週日佈道會，還特別提到台灣。國家大教堂的政治意味比一般教堂要濃厚許多，像是華盛頓與林肯雕像、高懸的五十州州旗、彩繪玻璃的美國拓荒史，還有草坪飄揚的星條旗等，不然怎能冠上國家兩個字呢。

三個八度的台灣男聲與鋼琴家校友

雖然我是拿香對拜之人，但非常喜歡教堂聖誕節的氣氛。記得赴美第一年聖誕節，我與匆匆帶著小孩到國家大教堂體驗最道地的平安夜，可惜管風琴一奏，聲音極為震撼，腳邊的地板快裂開似的，小孩根本坐不住，感覺審判來臨、眾人有罪，我只好虎頭蛇尾攜子落跑。

我如果早幾年來，情況也許不會這樣狼狽。二〇〇八年台灣假聲男高音李文智（Peter Lee）在這登台高歌，來自台南基督教家庭的他，音域寬廣到可演唱三個八度，世界罕有，能夠自由轉換男聲與女聲，這得帶天命才辦得到，難怪李文智獲邀成為華府國家大教堂首位外籍男高音，創下華人聲樂家在此演唱紀錄，《華盛頓郵報》形容他「聲音充滿力量和無與倫比的肺活量」。隔年李文智榮獲第二十屆金曲獎傳統藝術類「最佳演唱」獎，經由陶晶瑩推薦，他成為流行音樂與星光大道的老師。

台灣假聲男高音李文智曾在這個舞台上演出。

國家大教堂佔地寬廣，有神祕莊嚴的地穴、中古風格的花園森林、頂樓的觀景台以及三間附屬學校。說到學校，出生台灣、享譽國際的鋼琴家林佳靜（Jenny Lin），她的啟蒙老師是陳郁秀，就讀台北古亭國小四年級時隨母親移居國外，一九八八年十五歲的她進入華府國家大教堂學校就讀，如今擅長演奏俄國曲目，是這裡的傑出校友代表。

手機掃一下

喬治布希喪禮。只有華府國家大教堂能讓歷任總統齊聚一堂，送老布希總統最後一程。

國民隊的公園球場

王建民的投手丘

在美國職棒大聯盟中，代表華府地區的隊叫做國民隊（Washington Nationals）。早在一八八四年，華府就有職棒隊了，百年來多次換名，直到二〇〇五年定名國民隊，目前主場球場設在國民公園（Nationals Park）。

國民隊在大聯盟裡算是成績差的球隊，從未贏過冠軍。相信許多人跟我一樣，都是因為王建民才支持。二〇一〇年國民隊以年薪兩百萬美金外加激勵獎金三百萬，共五百萬美金的合約簽下了王建民，可惜建仔在國民隊的表現不如在紐約洋基隊，二〇一二年便離開國民隊。

國民隊明星球員是 Bryce Harper，許多球迷都穿他的球衣。

吉祥物白頭鷹到過台灣

二〇一一年台灣邀請美國職棒明星球員訪台，進行五場友誼賽，因為王建民，那次訪台的美國隊吉祥物就由國民隊的白頭鷹（Screech）代表。MLB明星隊行前特地到雙橡園作客，吉祥物白頭鷹也在雙橡園滿場跑，還逗趣地用筷子吃飯，超會撩。

我到華府時，正是王建民效力於國民隊時期。等到我稍稍適應美國生活，回過神來想去球場幫王建民加油時，卻頻頻聽到他受傷的消息。沒多久，他離開國民隊，而我總共也只去過國民隊球場那麼一次。那次是華盛頓國民隊對上紐約大都會隊，王建民沒有出賽，無緣見到背號40的C M Wang在投手丘的風采。

大聯盟看球初體驗

從海軍船廠地鐵站（Navy Yard）下車後，看到許多人穿著各自支持球員名字的球衣，跟著走就對了。這一帶是華府老區，就像台北的萬華，在球場完工前的數十年，一直很沒落，治安不佳。二〇〇八年球場完工，開幕請來小布希總統投球，球場最大特色就是上層看台可眺望華盛頓紀念碑和國會大廈，慢慢地，公寓出現了，餐廳飄香了，商店熱絡了，帶動周遭整個改變。

球場入口處有一尊 Joshua Gibson 的雕像，感覺是個很新、很大的球場，可容納四萬多人一起看球。我們的座位在一壘上方，位置頗佳，這裡門票價差很大，從十二美元到三百七十美元都有。觀眾可帶著寵物一起看球，不知道寵物要不要買票？

球場還準備T恤，免費讓觀眾套上，當然衣服本身有點舊，賽後得歸還，但這招變裝術真好用，一秒融入氣氛。開賽前有位軍人在現場接受表揚，唱完國歌，行完軍禮，還有人把球棒當小提琴拉。

華府人都慢條斯理晃到球場，不像我早早就到，一直到五局後，球場才真正坐滿。來看球的人年齡層偏高，現在這個講究網路高速的時代，棒球要打九局，耗時長，又缺少刺激的衝撞，節奏慢，因此華府人真正瘋的是美式足球紅人隊，棒球快要變成中高齡的懷舊運動。

比賽進行到這，天色已暗，T恤發揮了作用，場邊一片紅海。看板上大寫的W燈閃著，據說這裡的記分牌是全美最大的。

對一個少女時代曾認真剪報兩年、不放過每一則台電隊小飛俠呂文生消息的我來說，回憶魔幻，唯有球場寫實。

手機掃一下

我很喜歡在國民公園球場聆聽美國國歌

赫希洪博物館 唯一典藏台灣代表林壽宇

在華府最熱門的航太博物館旁，有個遊客較少的大圓墩建築，外型看起來很像捲筒衛生紙，叫做赫希洪博物館（Hirshhorn Museum），館內能俯瞰整個國家廣場。華人熟知的艾未未、蔡國強等藝術家，都曾在館內辦過展覽。

記得我剛入社會、還是藝文走狗時，偶爾會去同學上班的伊通公園聚會，那裏是台北當代藝術空間，不過氣血鮮明的伊通，總給我一種不易親近的壓力。沒想到多年後在赫希洪博物館遇到早年伊通公園的精神導師林壽宇（Richard Lin），他的兩幅作品被收藏在此，是館內唯一台灣代表。

翻攪華府的當代藝術館

一般人對印象派以前的荷、法、義等歐陸藝術作品接受度較高，但堂堂華府不應只有柔順的古典風格，也要有用來翻攪首都居民的視角與情緒，所以一九七四年第一個當代藝術館赫希洪就此成立。

赫希洪博物館建築採野獸派風格，刻意搞怪與周邊做出區隔，以這標準來說的確做到了，有人覺得它像監獄？沙坑？煤爐？飛碟？或搗藥的缽？無論如何，圓形設計模糊了觀賞動線的起點與終點，絕對是華府最大棟的抽象建築，無庸置疑。

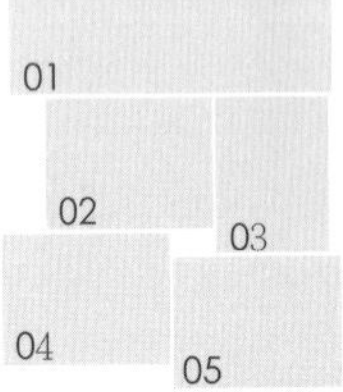

01 赫希洪博物館
02 戶外有雕塑公園
03 館外有尊不鏽鋼雕塑
04 曾被李安稱讚的伊朗女藝術家 Shirin Neshat，她的影音作品震撼了我。
05 館內可飽覽整個華府博物館區。

美國鈾礦大亨赫希洪

赫希洪博物館的創辦人叫做約瑟夫赫希洪（Joseph Hirshhorn），一八九九年他出生在拉脫維亞一個猶太人家庭。八歲時，跟著寡母移民到紐約，曾是街頭報童，有段極為困苦、遭遇火吻的童年。十五歲混跡華爾街，十七歲成為股票營業員，賺到第一桶金。一九二九年，三十歲的他在大蕭條前的兩個月，迅速出脫手上的金融商品，因此當別人痛苦喝西北風時，他卻紮實坐擁四百萬美金。

赫希洪後來投資加拿大鈾礦，不到五十歲，已是鈾礦大亨，開始系統性的收藏當代藝術品，下手非常地阿莎力。他是一位認真用功的收藏家，總是親訪藝術家，跟畢卡索、亨利摩爾、賈克梅蒂、歐姬芙等往來密切。此外馬諦斯、安迪沃荷、布朗庫西、羅丹、波洛克（Jackson Pollock）、考爾德（Alexander Calder）等人作品他也收藏不少。一九六〇年代，他的私人收藏品被借調到紐約古根漢展出，一炮而紅，成為國際各大美術館或博物館爭相拉攏的對象。

一九六六年，赫希洪收藏了台灣藝術家林壽宇的兩件作品，我無從得知赫希洪是否見過霧峰林家後代這位三十三歲的美男子，總之那年也是西班牙藝術大師米羅當面「謳樂」

打著小領結的赫希洪，右一。

林壽宇的那年，米羅曾說：在白色世界中，無人比的上Richard Lin。

一九七四年，赫希洪在華府成立了以他為名的博物館，牽著第四任妻子出席開幕，他一生收藏的藝術品全都捐給了這裡，也捐了七百萬美金作為運作基金。

台灣極簡大師林壽宇

林壽宇，是台灣早期高、富、帥的代表，一派紳士貴族風範。一九三三年出生在台灣最大的豪宅霧峰林家宮保第，童年家境非常優渥，母親喜愛京戲，他從小也跟著票戲。父親帶他到台北接受日本小學教育，就讀今天的東門國小。一九四五年日本人離開台灣後，林壽宇進入建國中學，少年的他在台北開進口車，家裡還養著駿馬。一九四九年十六歲的他先到香港，再轉赴英國，本想念航太科技，後主修建築藝術。二十一歲時在歐洲娶了一位法國女孩，即便身高一百八長相帥氣，卻謀事不易，在偶然機緣下賣出生平第一幅畫作，從此踏上藝術之路。

五年後，林壽宇這段育有兩子的異國婚姻破裂，二十六歲的他在倫敦小公寓度過慘澹歲月。之後，他融合西方媒材與東方哲學，以近乎微積分質數的概念呈現「白中白」世界，很快

林壽宇攝於慶生會上。

在英倫歐陸竄紅。

一九八二年，林壽宇第一次回鄉在台北龍門畫廊舉辦個展，為台灣帶進抽象藝術，影響許多後起之秀。隔年，他的作品被台北故宮收藏，創下故宮有史以來第一件當代藝術品、也是第一件在世藝術家的作品，他的國際名聲，引來黨國大老注意，連嚴家淦總統都親臨參觀。

二〇〇二年他定居台中大里，過著隱士般的異質生活。二〇一一年，這位唱薛平貴京戲帶著台語腔、講國語時摻雜了英文、有過多段濃烈感情、收集黃長壽菸盒、曾任教於英國皇家藝術學院、愛馬也殺馬，甚至把自家石獅鍊住的台灣極簡主義大師，病逝於台中，享年七十八歲。

手機
掃一下

逛逛赫希洪博物館
與雕塑花園

倫威克藝廊

在美國羅浮宮發現台灣的李董

有一回美國國慶日，我去憲法大道看遊行，終於等到客家油紙傘、阿美族、三太子的台灣隊伍出現後，天空下起雨，我急忙跑到一個街區外的全華府最嬌媚的建築內躲雨。連續好幾年，我屢次想一探白宮斜對面橘紅色的倫威克藝廊（Renwick Gallery），都因整修不得其門而入，這回終於敞開大門讓人躲雨，原來整修完畢重新開放了。

趁著躲雨空檔，我參觀一樓那道用上千捆色線營造出童年回憶的人工彩虹，非常甜美。隔壁房間展出林瓔的彈珠作品，滾上了牆，彷彿藤蔓。走上二樓，躺在打光的大片魚網下，模擬日本三一一海嘯大地震時湧起的海波浪……這些看似輕巧卻有意旨的展覽，讓倫威克重返華府熱門ＩＧ（Instagram）打卡勝地。

賈姬出手相救的當代工藝沙龍

華府早年有位銀行家名叫柯克蘭（William Corcoran），他去巴黎旅行時被羅浮宮整個震懾，認為一個偉大的首都除了發展政經，也需要文明。他請來建築師倫威克（James Renwick, Jr.）打造美國版的羅浮宮，用來展示他私人收藏的藝術品，至今門楣上還清楚刻著「DEDICATED TO ART」字樣，希望提升建國未滿百年的首都風貌，這也是全美唯一一座以建築師為名的博物館，非常罕見。

就在快完工時，爆發了南北戰爭，整整四年，這裡被當成軍服儲放處。戰後直到一八七四年，才正式開放公眾參觀，銀行家柯克蘭收藏的大型雕像油畫，很快就堆滿整棟樓房，必須遷移他處。

一八九九年這裡變成聯邦索賠法院。後來法院因辦公需求，建請甘迺迪總統拆除改建，消息傳到擁有法國血統、熱愛藝術的第一夫人賈桂琳耳裡，當然要出手，一九六四年賈姬成功挽救了這棟歷史瑰寶，才有今日的展覽空間。

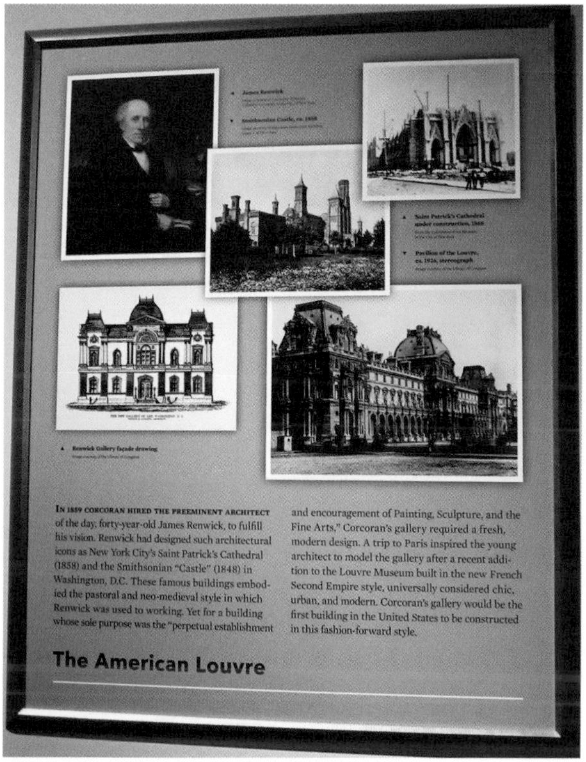

美國羅浮宮的歷史軌跡。

之後在史密森尼學會規劃下，成為美國當代工藝代表櫥窗。二戰結束後，美國人把手工藝品提升到藝術層次，知名的莊臣企業扮演推手，像是木工、織品、金屬、玻璃、陶瓷等，化身為手工編籃、鑄鐵製品、口吹玻璃、拉胚燒陶、珠寶精工等，榮登大雅之堂。

近年來講究多元文化，在這股潮流下，來自台灣的李鍵、董承濂，先後來到倫威克藝廊，也讓更多人認識亞洲工藝精神。

李鍵的彩瓷美國總統收藏

彩瓷藝術家李鍵（Cliff Lee），一九五一年出生在維也納，成長於台灣，童年常跟著外交官父母在台北故宮打轉。青少年時赴美定居，因想紓解壓力，開始接觸陶土，一九七八年二十七歲的他決定棄醫從「土」，成家立業。沒想到這一轉行，連聖誕節禮物都買不起，他的小孩說：爸爸沒關係，你帶我去玩具反斗城摸摸玩具盒就可以了，他愧疚至今，卻也化成一路奮鬥的動力。

一九九三年他的桃型青白瓷，被柯林頓總統收入白宮，登上創作高峰。之後他的釉面彩瓷作品，也陸續被各大博物館永久收藏，受邀到倫威克藝廊開展並演講，分享創作歷程與人生故事。

董承濂的悟場師承蔣勳

二〇一二年，一路從明倫國中美術班、師大附中美術班、東海大學美術系念上來的三十九歲台灣藝術家董承濂（Nick Dong），獲選全美四十位四十歲以下的未來工藝創作者（40 under 40：Craft Futures），他的作品「悟場」（En-Lightening），在倫威克藝廊展出。

董承濂從小接觸小提琴、繪畫、游泳、書法等，他的父母甚至帶他去道場打坐，接觸佛學。大學時，受到恩師蔣勳影響，開始閱讀文學鉅著，看超現實電影，這些多元跨界的成長養分，在他到美國後揉合出獨特的表達方式，將當代工藝帶入全新的內觀境界。

手機掃一下

倫威克藝廊
展覽介紹

國家自然歷史博物館

趙心綺的皇家蝴蝶胸針很「廟」

我在華府六年，最讓我大呼過癮的是一九一〇年創立的國家自然歷史博物館（National Museum of Natural History）。一樓的動物、生物我沒興趣，倒是二樓的礦物，從全世界最大的鑽石、藍寶石、綠翡翠，到外太空來的隕石，呈現出令人意外的邏輯，馬上擄獲我這俗人的心。台灣珠寶設計師趙心綺（Cindy Chao）的蝴蝶胸針，赫然名列其中，這樣循序漸進的高潮，驚喜連連，看飽看滿。連館內紀念品店都賣著瑪瑙、水晶，不就是台灣人最愛用來改造居家風水的擺設小物嗎？

綠色圓頂博物館在國家廣場上很顯眼。

全球遊客第四多、蝴蝶先生蔡百峻

從一八三八年美國探險遠征隊帶回的標本開始算起，接著西部拓荒時期的田野調查，發展至今，自然歷史博物館已成為全世界遊客第四多的博物館，收藏超過一點二七億項植物學、昆蟲學、海洋生物學、礦物學、古生物學、脊椎動物、人類學等標本與文物，堪稱是全球最偉大的自然科學和文化遺產珍貴寶庫，無怪乎電影《博物館驚魂夜》第二集會在這實景開拍。

二〇〇七年這裡展出台灣蝴蝶之美。蔡百峻，是華府自然歷史博物館首位邀展的華人攝影師，他幾乎拍遍了所有台灣蝴蝶種類，是目前國內攝影蝴蝶紀錄保持人，展覽吸引了華府民眾，館方甚至希望未來有機會也讓台灣布袋戲來這開展。

01 門口巨象迎賓效果非常好

02、03 大象、藍鯨、巨型魷魚、暴龍、昆蟲、隕石、恐龍、圖騰柱等

深受廟宇雕塑影響的 Cindy Chao

二〇一三年台灣的珠寶設計師趙心綺，她的胸針作品「皇家蝴蝶」被館方永久珍藏，要知道珠寶設計向來是白人的天下，她能獲選，躋身拿破崙皇后約瑟芬皇冠、路易十六皇后瑪麗安東尼耳環之列，真是台灣之光，創下華人首次紀錄。

This spectacular brooch is set with 2,318 gemstones
weighing nearly 77 carats. The inclusions of the
four large flat diamonds appear similar to the
microstructure on a butterfly's wings. The piece
is also set with rubies, tsavorite garnets, and
fancy-colored sapphires and diamonds.

趙心綺的皇家蝴蝶胸針。她選的寶石都會發散螢光，若在紫外線照射下，皇家蝴蝶更可變換成多種意想不到的顏色。

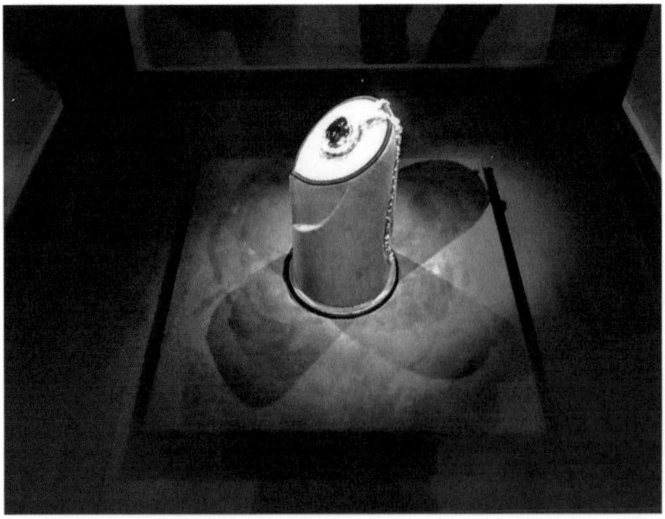

產自印度、全世界最大、重達四十五克拉的希望鑽石（Hope Diamond），最初擁有者是法王路易十四，也是電影《鐵達尼號》鑽石項鍊的原型。據說歷來擁有這顆鑽石的人都會遭遇不幸，因此當年的擁有者最後在一九五八年捐給了博物館，以求豁免。

「皇家蝴蝶」胸針由二三二八顆、總重七十七克拉的寶石與四片鑽石原胚組成，市價估計超過六十八萬美金（約台幣二千七百萬）。根據華府媒體形容，趙心綺的珠寶彷彿是一座微型建築，超越了一般珠寶設計的框架。原來她自小深受父親與外公影響，父親是雕塑家，而外公謝自南更是傳統廟宇建築師，日月潭文武廟、鹿耳門聖母廟、木柵指南宮都出自她外公之手，耳濡目染之下，她設計珠寶時，就像建廟般的立體思考，讓珠寶每一個面向，都有其完美。

我雖然無法像趙心綺的大咖客戶——媒體大亨梅鐸夫人鄧文迪、好萊塢女星莎拉潔西卡派克、阿湯哥前妻凱蒂荷姆絲、約旦皇后等——擁有她的親製作品，但在博物館一邊張望一邊指著跟小孩說，「快來看，這是台灣人設計的珠寶哦，好美喔，這有廟的保佑，下次拜拜要認真知道嗎」，頗有小確幸之感。

我愛珠寶，璀璨閃耀。

手機掃一下

國家自然歷史博物館導覽

美國植物園

你聽過「台北小姐蘭」嗎？

華府的美國植物園（United States Botanic Garden），以及位於馬里蘭州的國家林木園（National Arboretum），中文翻譯常常被搞混，但兩者是不同地方。美國植物園位於國會大廈的腳邊，包含了戶外公園與玻璃溫室，規模雖不大，但它可是美國歷史最悠久的植物園，可上溯至一八二〇年。幾經遷移後，一九三三年正式落腳在現址上，並打造了一間玻璃溫室。

近年來，植物園內種植了一種俗稱「屍花」的魔芋植物，來自印尼蘇門答臘，它擁有全世界最大的花朵，開花時散發屍臭的味道，讓大小遊客驚呼連連。

溫室裡的台灣蘭花

走進玻璃溫室，翠綠色的蕨類迎接我，我向來喜歡蕨類，而蕨類也是早年美國人路過福爾摩沙時，順手帶走的植物。我發現，重視植物的國家，通常都是海軍強的國家，早年歐美船堅砲利，船員帶回各地奇花異草與植物種子，帶不回的就製成標本，從那時起，美國植物園就有系統的收藏標本，有些標本已超過一百六十五年。

溫室裡分成很多區，其中有一區是專門給蘭花的，根據不同季節擺放不同蘭花。我以前對蘭花很無感，雖然台灣被稱為是「蝴蝶蘭王國」，據說全世界百分之八十的蝴蝶蘭都是從台灣出口，蘭花更是台灣的隱形冠軍，但我只覺得，蘭花不用土，算是種起來很乾淨的花。

來到美國才驚覺華府人超愛蘭花，美國植物園培養了超過五千種蘭花，其中台北黃金蝴蝶蘭（Phalaenopsis Taipei Gold）在這佔有一席之地。二〇一六年園方還展示了一款花型修長的蘭花，名叫「台北小姐」（Cymbidium Meglee "Miss Taipei"），可見台北兩字在這，代表品質保證。

台北小姐蘭

華府人喜歡蘭花因為……

我不只一次在華府的飯店、名宅、辦公室、家屋看到蘭花，印象最深的是海亞當斯飯店大廳的白色蘭花，高雅冰潔，還有喬治城甘迺迪故居窗邊那些紫色蘭花。蘭花為何受到華府人青睞？

蘭花是世界上最大的植物家族。但最重要的一點，嘿嘿，你知道蘭花擅耍心機嗎？深諳迂迴攻防的蘭花，根本是植物界的政客。蘭花的演化靠模仿環境，透過色誘、形誘或味誘，吸引昆蟲幫它授粉，難怪身處世界政治中心的菁英們，會這麼欣賞這位誘惑者，就像達爾文說的：「在我一生的研究中，沒有任何東西比蘭花來得有趣！」

我千里迢迢、飄洋過海，在華府花憶前身。你知道全世界有個地方，因盛產蝴蝶蘭而得名，猜到了嗎？

蘭嶼。

手機掃一下

美國植物園蘭花展報導

美國聯邦最高法院

劉弘威、郭佩宇等台裔法官之路

全美五十個州，共有九十四個地方法院，十三個巡迴上訴法院（Circuit courts），一個最高法院（Supreme Court of the United States）。

一般的案件都先送地方法院審理，再到巡迴上訴法院，最後進入最高法院。最高法院位階崇隆，據說每年能進到最高法院的案子不超過百件，雞毛蒜皮的事它不管，它只專注在詮釋憲法與重大爭議案件。

潔白無瑕，造型古希臘，是我對最高法院的第一印象。你有無發現，美國三權分立機構，白宮（行政）、國會（立法）、法院（司法），統統都走白色系。這個審判之殿由科林斯柱式撐起，與比鄰的國會大廈建築風格統一，白色大理石建材搭配美國老鷹加冕，描繪羅馬百夫長攜帶束棒的威武造型，都讓最高法院除了有倚門功能，也兼具建築之美。

過去的最高法院，有很長一段時間都是寄居在紐約、費城、華府等其他辦公建築裡，一直到一九三五年，最高法院才在國會大廈旁原址是監獄的地方，蓋起了獨立的司法建築。

正門，有沉重的金色銅門。如果你來這運氣好，還可進入法庭旁聽現場辯論，看看兩造攻防氣勢如何。

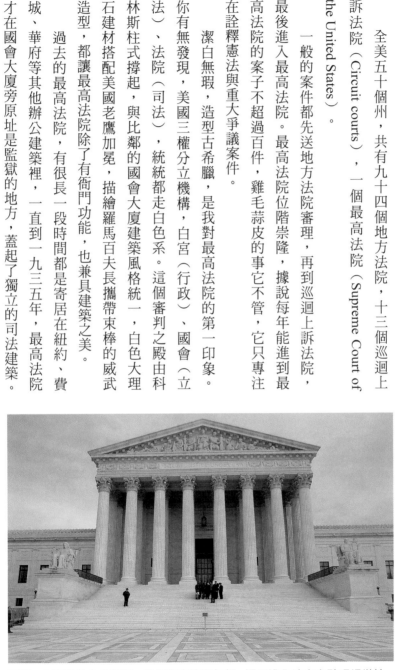

由於前身是古老監獄，南北戰爭時絞死了許多政治犯、間諜、官兵、妓女等，因此傳說不斷。

法院前方有個橢圓形廣場，兩旁青銅旗竿的基座。廣場左邊，有一尊代表「正義的沉思」女像，右邊則是「法律的守護」男像。門楣刻有「法律下平等正義」的座右銘（Equal Justice Under Law）。

美國電影只要演到司法片，通常一群記者擠在法院門口等待判決，等到主角或律師一出來就堵麥的場景，都在美國最高法院真實上演過。

約翰馬歇爾大法官的貢獻

遊客入內參觀時，在長廊盡頭，遠遠地就可看到一座雕像，那是美國第四任首席大法官約翰馬歇爾（John Marshall）的坐像。

其實美國開國之初並不重視司法，最高法院曾是個次級單位。十九世紀初馬歇爾擔任首席大法官期間，才真正提升了司法人的素質與聲望。這位深受後世景仰的法官，長期與第三任總統傑佛遜不合，他們的黨派糾葛史上有名，不過兩造衝突中，馬歇爾不斷回頭思辨憲法，讓這個新成立的國家，能有一至高的中心思想依歸，任重而道遠。

在馬歇爾大法官的雕像後方，有兩道自體支撐的大理石螺旋樓梯，從地下室一路蜿蜒到五樓，欄杆裝飾著波浪紋、玫瑰花、橢圓徽章、美國之鷹，像是黑洞般至尊的渦漩引力，是遊客喜愛的拍照點。

馬歇爾大法官雕像。

司法界的「鳳」毛「麟」角

美國很多亞裔學生都嚮往法學院，但能當到法官的，不知為何總是少之又少。全美大大小小各種法官，亞裔只占了百分之二，台裔更是鳳毛麟角，偏偏我還真的找到鳳麟代表。

二〇一六年紐約東區地方法院傳來好消息，全美首位台裔聯邦地方法院法官郭佩宇（Peggy Kuo）正式宣誓就職。郭佩宇出生在台南麻豆，三歲時隨父母移民美國，至今台語非常輪轉的她感謝父母的栽培。她一路學霸，耶魯、哈佛畢業，曾在華府上班，從法官助理做起，目前是紐約東區地方法院法官。

二〇一〇年歐巴馬總統提名劉弘威（Goodwin Liu）出任「美國第九巡迴上訴法院法官」，劉弘威的父母來自台灣，他差一點就成為巡迴上訴法院有史以來第一位台裔法官，可惜他自由派立場（支持同婚、廢死和墮胎）加上太過年輕（四十歲），遭到參議院共和黨議員否決，目前是加州最高法院法官。

劉弘威自史丹佛、牛津、耶魯畢業，先到華府最大的國際律師事務所 O'Melveny & Myers 上班，後又擔任最高法院現任大法官露絲金斯伯格（Ruth Ginsburg）的助理，深受這位猶太裔女大法官的賞識。劉弘威即便受挫，毫無懸念的仍是美國司法界重要人物。

法庭關閉，不得其門而入。

郭佩宇和劉弘威，皆有台灣血統，都待過華府，都去過最高法院。美國最高法院創立至今，已有男性、女性、非裔、拉美裔、天主教、猶太教等背景的大法官，但尚未出現過任何一位亞裔大法官，想要看到台裔大法官披著法袍，還很有得拚。

通過世紀矚目的同婚法庭

最高法院坐著九位大法官，大法官要處理憲法問題，也關注公民議題，許多備受爭議、引人注目的判決，往往度量了整個國家的哲學、宗教、思想刻度。

二〇一五年美國最高法院正式通過了世紀矚目的同婚法，當天華府彩虹旗飄個不停。同婚不僅受到憲法保障，且各州均不得立法禁止，這項性別平權的判決，轟動全球。

我幾次想去看看大法官的法庭，都無緣入內。通往法庭的走道，沿途擺著歷任首席大法官雕像，天花板雕飾宏偉莊嚴。據說法庭內每位大法官的座椅，都是量身訂做，大小尺寸不一，九位大法官均由美國總統提名，經參議院通過任命，享有終生任期，這一坐就是一輩子的事。開庭時，首席大法官領著其他八名大法官，依年資順序，穿越絨面布幕，入座桃花心木製成的法官席，升堂辦案。

據說大法官們都愛運動，有人精通美式足球、籃球、舉重，有的更兼運動評論員。法院頂樓設有專屬健身房、籃球場，是常人難以想像的動感天堂哩。

手機掃一下

如何參觀美國聯邦最高法院

國家肖像館與美國藝術博物館

何大一的照片與李明維的展演

我是到了返台前的那個當月，才真正好好逛了這兩間博物館。華府博物館太多，若沒有一一盤點，很容易呼嚨跳過，趕緊找個時間做最後巡禮。因為這兩間博物館相連，所以一併介紹。

國家肖像館（National Portrait Gallery）與美國藝術博物館（American Art Museum）的前身，是設立於一八二九年的專利局大樓，當時美國要求所有發明人必須提交一份發明物的模型，交由專利局建檔保存，因此專利局占地很大，像是貝爾的電話機，愛迪生的電燈泡等，都在這裡取得專利權。

與紅十字會、《草葉集》的關係

美國內戰前，三十多歲的克拉拉巴頓（Clara Barton）在這工作，她是史上第一位獲得與男性同等薪資的聯邦政府女員工，但男同事對她的歧視與羞辱從沒少過。南北戰爭期間，專利局變成了軍醫院兼太平間，克拉拉巴頓在這擔任護士，受傷的士兵躺在二樓不斷哀號，旁邊玻璃櫃裡還放著通過專利發明的模型。

除了克拉拉巴頓之外，惠特曼（Walt Whitman）也在這擔任看護工，並常向受傷的士兵朗讀他的詩作。有一天，惠特曼把《草葉集》（Leaves of Grass）放在辦公桌上，長官看到後，立即要他收拾包袱回家吃自己，因為他的詩寫到性，被視為淫穢之作。戰後，克拉拉巴頓成為美國紅十字會創辦人，而惠特曼也被譽為自由詩之父。

二十世紀後，這一大片古蹟建物面臨拆除命運，好在一九六八年決定轉型為史密森尼學會旗下兩間博物館的用地。兩間博物館之間有玻璃天篷相通，綠蔭噴泉，淺池水影，在沙色質地的中庭裡，坐下喝杯咖啡，細細欣賞建築線條與裝飾，是絕對迷人且一定要的。

名人、藝術家點將錄

先介紹國家肖像館。國家肖像館主要收藏美國歷史上具有影響力的政治家、科學家、軍事家、演藝家、運動家、創業家等影像。有趣的是，他們也收藏蔣宋美齡的照片，李登輝的畫像等，二〇一七年更將十二歲以前住在台中、研究愛滋病雞尾酒療法聞名的科學家何大一（David Ho）照片收入館內。

國家肖像館有個總統廳，收藏所有美國總統肖像。其中畫家斯圖爾特（Gilbert Stuart）在一七九六年所繪的喬治華盛頓總統全身油畫像，因為一八一四年被當時第一夫人多莉麥迪遜在英軍焚燒白宮前，奮力打破木框，取下畫布，捲起帶走，緊急保全，成為所有遊客停留的熱點。

藝術家李明維，更是首位在國家肖像館內舉辦展演的台灣人。他策展的二〇一八「聲之綻」（Sonic Blossom），隨機為民眾演唱舒伯特的藝術歌曲，演唱的地方正是林肯第二任總統就職舞會的場地，深具歷史意義。

另一頭的美國藝術博物館，館內有間地磚鋪得很美的「路思義基金會中心」（Luce Foundation Center），用來紀念來過台灣、出資興建東海大學教堂、創辦《時代》雜誌的媒體巨擘，亨利路思義（Henry Luce）。這裡擁有印象派、鍍金時代的畫作、攝影、雕塑、版畫、民間藝術、非裔和拉美裔等超過七千位藝術家的作品，台灣藝術家周邦玲、王俊文、葉向欣（Shiang-shin Yeh）的作品，也獲館方收藏。

跟東海大學路思義教堂有關的，路思義基金會中心。

手機掃一下

國家肖像館導覽

國家建築博物館

台灣竹編、蛇窯、茶席駕到

被華府人選為「下雨天最佳遛小孩場地」的國家建築博物館（National Building Museum），館內空間挑高開闊，在高聳如神木般的金色古典柱式下，常看見疊積木同樂的親子家庭。只是當時我壓根不知道這裡的柱子有特異功能，好在小人們玩得開心投入，回家後並無異樣。

國家建築博物館前身是美國養老金局大樓（Pension Building）。南北戰爭結束後，華府到處是殘疾傷兵、退伍軍人、寡婦孤兒，等著領取撫卹金的民眾高達數十萬人。一八八七年美國養老金局大樓正式落成，由於戰後財力吃緊，

上方精緻的陶土飾帶，描繪南北戰爭的軍人形象。

因此採用比大理石便宜的紅磚建材，外部搭配一條陶土裝飾帶，遠看好像鑲了一整圈的金邊，沉穩中帶點變化。此後，這裡廣開櫃台，好讓上千名工作人員幫助鰥寡孤獨的民眾，申辦養老撫恤事宜。

全世界最高柱頭浮出人臉？

國家建築博物館大廳有一個中央噴泉，由巨型的科林斯柱式分成三大區塊。這些柱列，撐起了全世界挑高最高的柱廊空間。廣闊的一樓面積，讓當年如潮水般申辦的民眾，有足夠迴旋空間。樓梯寬闊的踏板，放低的台階，方便拄著枴杖的殘疾人士上下。二、三樓的拱廊，宛如凝固的波浪，都是以前的辦公空間，當年為了便於發送文書，還設計了一個滑輪式的懸掛紙簍，非常聰明。

不過這裡也是華府驚嚇指數高的地方。聽說柱頭頂端的草葉渦漩，到了晚上會變色變形，甚至會浮出清楚的人臉，也曾傳出有老馬駝著老兵，身影晃動，還有飄盪的女魂等。館方不定期推出鬼魂導覽之旅，膽大的人可以試試。

從總統舞會到台灣生活好物展

因為有著驚人的內部空間，適合舉辦舞會，從克里夫蘭總統以降的歷任總統，都曾在這裡舉辦就職舞會。曾有某位總統辦完舞會，開放孤兒院的小朋友入內，享受前一晚留下的奢華。一九九七年之後，這裡轉為國家建築博物館，用來展示人類生活藝術與建築美學的場域，舉辦各種講座、電影、展覽。

二〇一八年這裡舉辦了「手感工藝．台灣生活好物展」，展出三十多件台灣工藝頂級品牌「Yii」（易）的作品，將台灣常民文化中的餐具、茶具、文具、家具等置入華府，同時也打開國際能見度。活動圓滿成功，只是不知竹編師蘇素任、蛇窯主林瑞華、茶席師陳玉婷，當他們努力克服時差，認真介紹作品時，背後的金色柱子是否起了變化？

手機掃一下

國家建築博物館介紹

圖片來源

（本書除作者自拍照片外，已盡可能聯繫圖片授權事宜。
如侵犯任一方之智慧財產權，請與貓頭鷹出版社聯繫。）

Chapter1 章名頁　大清國駐美公使館內部。圖片來源：Wikipedia

頁21　華府1790年古地圖。圖片來源：Wikipedia

頁27　約翰德威士。圖片來源：Wikipedia

頁33　四位總統皮爾斯、布坎南、柯立芝、胡佛。圖片來源：Wikipedia

頁35　歐巴馬總統在橢圓形辦公室。圖片來源：Wikipedia

頁38　詹姆士史密森。圖片來源：Wikipedia

頁39　1860年代台灣蕨類標本。圖片來源：Smithsonian Institution collection

頁41　約翰布斯。圖片來源：Wikipedia

頁48　蒲安臣。圖片來源：Wikimedia Commons

頁51　福爾摩沙遠征圖。圖片來源：Wikipedia

頁52　李仙得。圖片來源：Wikipedia

頁55　杜邦圓環的清國駐美使館內部。圖片來源：Wikipedia

頁56　田貝。圖片來源：https://www.findagrave.com/memorial/12235781/charles-harvey-denby

Chapter2 章名頁　雙橡園與日本和服女子。圖片來源：Library of Congress

頁64　林獻堂。圖片來源：Wikipedia

頁68　喬治華盛頓。圖片來源：Wikipedia

頁70　中文碑文。圖片來源：Wikipedia

頁77　盧芹齋。圖片來源：Wikipedia

頁81　紐約台灣懇親會。圖片授權：財團法人杜聰明博士獎學基金會

頁83　湯瑪斯傑佛遜。圖片來源：Wikipedia

頁87　納瓦霍族人。圖片來源：Wikimedia Commons

頁93　開羅會議。圖片來源：Wikipedia

頁96　艾蓮諾羅斯福。圖片來源：Wikipedia

頁98　溫萊特四世。圖片來源：Wikipedia

Chapter3 章名頁　中華民國前駐美大使館。圖片來源：Library of Congress

頁103　艾森豪總統訪台。圖片來源：Wikipedia

頁115　陳納德與陳香梅。圖片來源：Wikipedia

頁122　太空人林格倫。圖片來源：Wikipedia

頁124　戴維斯將軍。圖片來源：Taipei Air Station Blog

頁128　全球最貴郵票。圖片來源：National Postal Museum

頁129　孫文郵票。圖片來源：National Postal Museum

頁132　林瓔。圖片來源：Wikipedia

頁140　尼克森夫人迎熊貓。圖片來源：Wikipedia

頁151　《獨立宣言》局部。圖片來源：Wikipedia

頁152　《臺灣關係法》局部。圖片來源：Wikipedia

特輯

頁161 費滋傑羅、飛利浦巴頓基、尤萊亞佛瑞特。圖片來源：Wikipedia

頁162 赫伯德夫婦。圖片來源：Library of Congress

頁163 雙橡園舊照。圖片來源：Library of Congress

頁164 貝爾與妻女。圖片來源：Wikipedia

頁166 中式服裝。圖片來源：Library of Congress

頁167 王正廷、齊藤博。圖片來源：Library of Congress

頁168 胡適與雙橡園。圖片來源：Library of Congress

Chapter4 章名頁 拉法葉廣場台灣人遊行。圖片來源：台獨聯盟

頁189 北美台灣人遊行。圖片來源：台獨聯盟

頁190 塞爾瑪遊行。圖片來源：Wikimedia Commons

頁195 金恩博士與遊行人群。圖片來源：Wikipedia

頁198 留學生二二八遊行。圖片來源：台獨聯盟

頁201 拉法葉將軍。圖片來源：Wikipedia

頁209 黃文雄、鄭自才被捕。圖片來源：台獨聯盟

頁219 蘇沙進行曲樂譜。圖片來源：Wikipedia

頁223 彭光理父子、韋傑理、昆布勞照片。圖片授權：楊遠薰，「海外台灣人的故事」部落格 https://overseas-tw.blogspot.com/。

頁233 電腦蟲。圖片來源：National Museum of American History

頁234 1972年電子計算機 Bohn Instant。圖片授權：Division of Medicine and Science, National Museum of American History, Smithsonian Instituion.

頁237 葛蘭姆夫人採訪蔣經國。圖片來源：〈蔣經國行誼選輯－民國七十五年（二）〉，《蔣經國總統文物》，國史館藏，入藏登錄號：005000000065P。

Chapter5

頁244 海約翰。圖片來源：Wikipedia

頁271 赫希洪。圖片來源：Wikimedia Commons

頁272 林壽宇。圖片授權：伊通公園。

頁283 台北小姐蘭。圖片授權：中央社。

頁283 蘭花照片二張。圖片來源：Wikimedia Commons